ドキュメント
# 朝鮮で見た〈日本〉

伊藤孝司
ITOH Takashi

ドキュメント
# 朝鮮で見た〈日本〉
知られざる隣国との絆

岩波書店

# はじめに——朝鮮に遺される〈日本〉

日本は古代から朝鮮半島の国家や民衆と友好関係を築いて交流を続け、互いに影響を与え合ってきた。だが一六世紀末には豊臣秀吉が二度にわたって侵略をし、近代では実質的に四〇年間もの植民地支配を行なった。その傷跡は、いまだに深く残る。

日本政府は韓国との植民地支配の清算は、一九六五年の日韓基本条約によって「最終的かつ不可逆的に解決した」と繰り返す。だがことあるごとに、日本軍性奴隷被害者(「日本軍慰安婦」)や強制連行被害者などへの補償をめぐり日韓関係は冷却してきた。それは政治決着による中途半端な「解決」では、どれほど歳月が過ぎても被害者たちの心の傷は消えないということを示している。

国交を結び、年間約一〇〇〇万人もの国民が行き来する日韓でもこのような状態である。日本と朝鮮民主主義人民共和国(朝鮮)とは、いまだに国交がないどころか敵対的関係が続いており、植民地支配についての清算はまったく行なわれていない。

日本が朝鮮への〝過去の清算〟で行なうべきことは二つある。一つは日朝国交正常化交渉の中で解決することになる課題だ。朝鮮への国家賠償、そして被害者への補償と文化財の返還である。もう一つは、人道的に解決すべき課題である。日本の敗戦による混乱で朝鮮に残留することになった日本人と、戦後の帰国事業で朝鮮に渡った日本人妻の里帰り、帰国を果たせず朝鮮で亡くなった日本人が眠る埋葬地への墓参と遺骨収容、広島・長崎で原爆の被害にあった在朝被爆者への援護措置の実施といったことだ。これらは日本政府が決断すれば、国交がなくてもすぐに実施できる。

日朝間には、「拉致問題」という解決すべき極めて大きな課題がある。二〇〇二年九月一七日に行なわれた初の日朝首脳会談で、朝鮮による日本人拉致が明らかとなった。八人が死亡という衝撃的な内容であった。この重大な人権侵害に対し、朝鮮は最高指導者である金正日《キムジョンイル》総書記が謝罪。だが、官房副長官だった安倍晋三氏はこの謝罪を受け入れず、また解決への見通しをもたないまま朝鮮バッシングを続け、それをも追い風にして首相にまでなった。この問題を利用し続ける限り、関係改善はもちろん、日朝間のいかなる問題の解決も難しいと思われる。

私はアジア太平洋地域で暮らす人々の視点から、日本の過去と現在を捉えようとしてきた。朝鮮においても、日本とのさまざまな絆を探す取材となった。朝鮮での取材は四〇回にのぼる(二〇一八年九月現在)。だが、その旅は、決して楽しいものではなかった。必然的に、植民地支配での日本の加害と向き合うことになるからだ。また、自らの日本への要求や願いを私にぶつけてきた朝鮮人や在朝日本人たちの、それが実現しないままでの無念の死をみつめてきた。

この本は、私が朝鮮で出会って追い続けた、さまざまな〈日本〉の記録である。

日本では、政府やメディアだけでなく社会でも「朝鮮民主主義人民共和国」を「北朝鮮」と略している。「朝鮮民主主義人民共和国」の人たちは、このように呼ばれることに強く反発している。それは「北朝鮮」との呼び方には、植民地支配の時から続く朝鮮人への侮蔑や差別の意識が根底にあるからだ。

「朝鮮民主主義人民共和国」を朝鮮半島北側という意味で「北朝鮮」と略すのであれば、「大韓民国」は「南朝鮮」とするべきである。双方を国名で呼ぶなら「朝鮮民主主義人民共和国」ないしはそれを略した「朝鮮」、同じように「大韓民国」「韓国」とするべきだ。この本では後者の呼び方をしている。

（一部敬称略）

# 凡　例

- 朝鮮半島の国家の呼び名について、一九四五年八月一五日以前を「朝鮮半島」としました。それ以降は、一九四八年九月九日の朝鮮民主主義人民共和国建国までの北緯三八度線北側を「朝鮮半島北側」、建国以降は「朝鮮民主主義人民共和国」ないし「朝鮮」としています。同じように、一九四八年八月一五日の大韓民国建国までの南側を「朝鮮半島南側」、建国以降は「大韓民国」ないし「韓国」としました。なお、引用部分やインタビューした相手が「北朝鮮」としている場合はそのままにしています。
- 朝鮮民主主義人民共和国と大韓民国で異なる人名などの固有名詞の読み方は、それぞれの使い方に合わせています。
- とくに説明のない年代表記は、すべて西暦です。
- 一般的に「日本軍慰安婦」「従軍慰安婦」と呼ばれている女性たちを「日本軍性奴隷被害者」としました。女性たちは自らの意志で「従軍」したのではなく、受けた過酷な被害は「慰安」という言葉とはほど遠い「性奴隷」だったからです。
- かつて日本で呼ばれていた地名などで、今は変わっていたり差別的なものであったりしても、説明のために必要な場合はそのまま記載しています。
- 人物の肩書や為替レートなどのデータは取材時のものです。また、生年月日がわからない場合は、取材時の年齢を表示しています。

ドキュメント　朝鮮で見た〈日本〉

# 目次

文中にでてくる現在の行政区域と地名

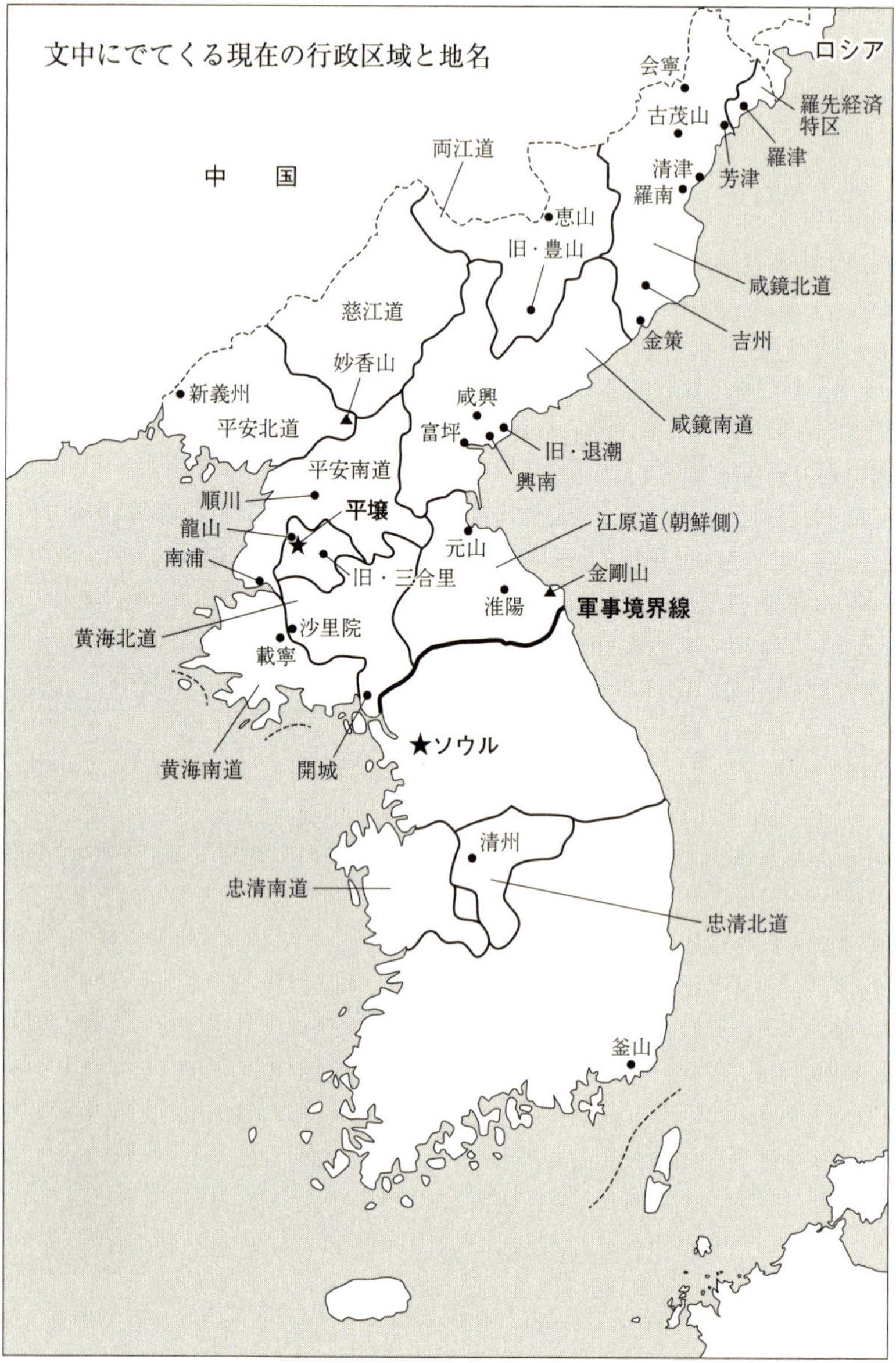

# 第Ⅰ部

# 閉ざされる日朝の〈絆〉

バーベキューをした後，全員で歌って踊る在日朝鮮人一世の金順萬さんの親族

# 第1章　断絶された在日と祖国の絆——「疑惑の船」の実像

## 日本でもっとも厳しい税関検査

二〇〇四年四月二七日。新潟市内のホテルから、小雨の中を新潟西港中央埠頭へタクシーで向かう。車内から、真っ白で大きな船体が見えてきた。万景峰《マンギョンボン》92号である。埠頭入り口で、警察による最初の検問を受ける。

「再入国許可証を拝見したいのですが……」

この「再入国許可証」とは、日本で暮らす在留資格のある外国人が一時的に海外へ出国する際に、日本政府から受けるもの。警察官は、万景峰92号の乗客は在日朝鮮人だけだと思っているのだ。私が日本のパスポートを差し出すと、それを見て不思議そうな顔をする。

タクシーも「入構許可証」がないと、ここから先へは入ることができない。最大級の厳戒体制である。私は入港のようすを取材するため、前日にも来ている。船が接岸すると、国土交通省と税関は八〇人もの職員を動員して徹底した船内の検査を実施。そして、船が着岸する岸壁では拉致問題の「救う会」が、横断幕を広げて入港に激しい抗議行動をした。「救う会」は一民間団体であるにもかかわらず特別待遇を受けていて、港内の誘導表示には「マスコミ」と並んで「救う会」もあるほどで、マスメディアよりも良い場所に陣取っているのだ。感情的な演説ばかりを繰り返し、朝鮮の国旗二枚を引き裂く。船に近

厳重な警戒の中を新潟へ入港した万景峰 92 号

づくため柵を乗り越えようとし、警察官に制止される者までいた。

貨客船・万景峰92号は、全長一六二メートル、幅二〇・四メートル、高さ三八メートル、総トン数九六七二トンで、八階構造になっている。金日成《キムイルソン》主席生誕八〇年を記念して一九九二年に建造された。この船の前には、初代の万景峰号、三池淵《サムジヨン》号が日朝間を往来していた。

ターミナルビルのロビーに入ると、在日本朝鮮人総連合会（朝鮮総連）の担当者が税関検査を受けるにあたっての注意事項を祖国訪問団の人たちに大声で説明している。

「持って行く現金は、正しく申告するように！　高額であっても申告すれば持って行けます。税関職員と喧嘩しないでください」

この船への「疑惑」の一つが不正送金であるため、税関とのトラブルを避けようとしているのだ。

「検査を受けた荷物を取り忘れないでください！」

乗客を誘導している朝鮮総連の担当者が何度も叫ぶ。祖国訪問団はお年寄りばかりなので、X線検査で預けた荷物を取り忘れることが多いのだろう。

ここの税関は、日本出国時にもすべての荷物のX線検査をする。その上で、ほとんどのスーツケースを開けさせるなど実に厳しい。税関職員は、私のウェストバッグから名刺入れを取り出し、誰の名刺なのかまでチェックしている。そして、取材目的をしつこく聞いてきた。輸出規制対象品や危険物を探すだけでなく、乗客たちの渡航目的も厳しく調べているのだ。

雨脚《あまあし》が次第に強くなってきた。午前八時三〇分、乗客たちの乗船が始まる。ターミナルビルから船のタラップまで、マスメディアのたくさんのカメラが並ぶ中を歩いて移動する。朝鮮総連の若者たちが、スーツケースを運ぶのを手伝っている。車椅子のお年寄りは、椅子ごと抱え上げて船内へ運び込む。

私はそうしたようすを、ビデオカメラで撮影しながら船へ向かう。マスメディアの視線を痛いほど感じる。明らかに取材のために「疑惑の船」へ乗ろうとしている……。マスメディアがやろうとしない取材を始めることに、私はジャーナリストとしての誇りを感じた。ただこの場面が、後にわずらわしい事態を招くことになった。

定刻の午前一〇時に出港。海上保安庁の巡視船や高速モーターボートが何隻も取り囲んでいる。

**独自制裁の象徴・万景峰92号**

「拉致問題解決が最優先課題。自分の政権の間に解決したい」

安倍晋三首相は、そのように言明し続けてきた。拉致問題が進まないことを理由に、日本政府は国連安全保障理事会（安保理）とは別に朝鮮への独自制裁を実施している。この独自制裁とは、ひとことで言えば「ヒト・モノ・カネ」の流れを絶つという内容である。

それが実施されている中で、二〇一四年五月にスウェーデンのストックホルムで日朝政府間協議が行なわれ「日朝ストックホルム合意」が発表された。

「双方は、日朝平壌宣言に則って、不幸な過去を清算し、懸案事項を解決し、国交正常化を実現するために、真摯に協議を行った。日本側は、北朝鮮側に対し、一九四五年前後に北朝鮮域内で死亡した日本人の遺骨及び墓地、残留日本人、いわゆる日本人配偶者、拉致被害者及び行方不明者を含む全ての日本人に関する調査を要請した」（日本外務省ウェブサイト）

日本政府はこの合意に基づき独自制裁の一部を解除。ところが、朝鮮が二〇一六年一月に実施した核実験を理由に、以前よりも厳しくした。日本政府は、制裁内容を次のように発表している。

第一に、人的往来の規制措置を実施する。具体的には、以下の措置を実施する。

1　北朝鮮籍者の入国の原則禁止
2　在日北朝鮮当局職員及び当該職員が行う当局職員としての活動を補佐する立場にある者の北朝鮮を渡航先とした再入国の原則禁止（対象者を従来より拡大）
3　我が国から北朝鮮への渡航自粛要請
4　我が国国家公務員の北朝鮮渡航の原則見合わせ
5　北朝鮮籍船舶の乗員等の上陸の原則禁止

6　「対北朝鮮の貿易・金融措置に違反し刑の確定した外国人船員の上陸」及び「そのような刑の確定した在日外国人の北朝鮮を渡航先とした再入国」の原則禁止
7　在日外国人の核・ミサイル技術者の北朝鮮を渡航先とした再入国の禁止
第二に、北朝鮮を仕向地とする支払手段等の携帯輸出届出の下限金額を一〇〇万円超から一〇万円超に引き下げるとともに、人道目的かつ一〇万円以下の場合を除き、北朝鮮向けの支払を原則禁止する。

第三に、人道目的の船舶を含む全ての北朝鮮籍船舶の入港を禁止するとともに、北朝鮮に寄港した第三国籍船舶の入港を禁止する。

第四に、資産凍結の対象となる関連団体・個人を拡大する。


こうした独自制裁の「象徴」とされたのが、日本と朝鮮を行き来する貨客船・万景峰92号の入港禁止措置だ。それを実施するために制定されたのが「特定船舶の入港の禁止に関する特別措置法(特定船舶入港禁止法)」である。

自民党内で法案成立への動きが始まったのは二〇〇四年一月。それを後押しするように、この船を「疑惑の船」とする報道が続いた。

「軍事転用可能な機器の不正輸出が行なわれた」

「外国為替管理法に違反して多額の現金が運ばれた」

「船内で工作指令を行なっている」

私は、こうした報道に大きな違和感を覚えた。どのマスメディアも、この船そのものを取材せずに報じているからだ。

「現場主義はどこへ行ってしまったのか?」

そう思った私は、万景峰92号に乗り込んで真正面から徹底的な取材をしたいと思った。疑惑をどこまで解明できるかわからないが、やってみる意義は十分にある。

この船は、海が荒れる冬期は運行されない。「春になり、七カ月ぶりに運行される最初の便にどうしても乗船したい」と考え、二〇〇四年三月二二日に朝鮮総連中央本部に取材を申請。返事はすぐにきたが、「運行再開の最初の便は希望者が多くて、それに乗船するのは難しい」というもの。朝鮮で暮らす親族に「少しでも早く会いたい」という在日朝鮮人が多いのだ。しかし、この船は約一〇日おきにしか運航されない。

「『入港禁止法』の制定に向けて政治が大きく動いている中で、一日でも早く取材する必要がある」

そう思い、朝鮮で日本のメディアやジャーナリストからの取材を受け入れる朝鮮対外文化連絡協会(対文協)と朝鮮総連中央本部と粘り強く交渉。もはや時間切れかと思った四月一三日、「乗船取材を認める」との連絡があった。この船の外国人の往復乗船料は六万円だという。私は、考えられる限りの取材希望項目を提出した。

## 「天の助け」となった荒天

この取材をテレビで特集番組として放送するのには、かなり長くビデオカメラを回す必要がある。だが船は、乗船した翌日の夕方には元山港《ウォンサン》に着いてしまう。計画している取材をすべて実現するのは不可能である。

ところが、予想外のことが起きた。船は出港してすぐに、佐渡島沖で停泊したのである。この場所で、接近してくる低気圧をやり過ごすということがわかった。

「やった！」と、心の中で思った。乗客には大変申し訳ないが、私にとっては「天の助け」である。結局、船内で三泊することになった。そのおかげで、希望項目はすべて取材することができたのである。一般乗客が立ち入ることができない場所を含め、女性案内員が何度かに分けて船内をくまなく案内してくれた。出港してすぐに行った操舵室内には「日の丸」があった。雨に濡れたため、干されているのだ。日本入港時に掲げる必要があるので当然なのだが、朝鮮の船内に広げられた「日の丸」は不思議な光景に見えた。

操舵室の隣にはビデオ放送室がある。狭いスペースの壁面に、モニターと大量のビデオテープが並ぶ。ここから、客室とロビーに設置されたテレビモニターに、朝鮮の劇映画や最高指導者を讃える記録映画などを送る。放送内容は、客室に配られている番組表でわかるようになっている。

船底には、船の心臓部である機関室と乗組員の部屋がある。エンジンルームの騒音の中を通り抜けて機関室へ行くと、男性乗組員二人が勤務していた。いきなりやって来た日本人が、ビデオカメラを向けて作業内容などを次々と質問するのですっかり面食らっている。

案内された女性乗組員の部屋では、非番の女性が読書をしている。かなり若く、二〇代前半か。

「この船での勤務は一年になります」

厨房で平壌冷麺の準備をする料理人たち

室内には二段ベッドが二台置かれ、テレビ・冷蔵庫と鏡台がある。鏡台の上にはかわいらしい写真立てや時計などが置かれている。床の上で朝鮮将棋をしていた男性乗組員の部屋とは雰囲気がずいぶん異なる。

四階の食堂に隣接する厨房へ入ると、案内員が一人の料理人を紹介してくれた。

「料理長同志です！」

ちょうど昼食の冷麺が作られていた。他の料理は前もってテーブルに並べておくことができるが、麺類は乗客が食堂に入って来るのを待ってスープをかけるので、料理人たちは大忙しである。

案内員が、広い食堂の隅にある生ビールのサーバーについて、誇らしげに説明を始めた。

「敬愛する将軍様がいらした時に、『これを設置したのはとても良いことだ。同胞たちも喜ぶだろう』と話されました」

金正日《キムジョンイル》総書記は一九九二年に、完成したばかりの

船倉には，さまざまな荷物が積み上げられている

この船を視察。船内で指導する姿を撮った大きな写真が、エントランスの目立つ場所に飾られている。

「一九九二年に偉大なる領導者 金正日同志が立ち寄られた部屋」

この船でもっとも豪華な客室の前には、このように記されたプレートが掲示されている。室内には、視察時に座ったという椅子に真っ白なカバーがかけられていた。

売店には菓子や飲み物、朝鮮製の高麗人参酒・マツタケの缶詰・民族衣装姿のマスコット人形などが並ぶ。そこから船の後方へ少し行くと医務室がある。医師と女性看護師が一人ずついて、ちょうど祖国訪問団の女性が診察を受けていた。

私がもっとも見たいのは船倉。船が揺れている時は荷崩れが危険なので、佐渡島沖での停泊中に案内してもらう。約八〇トンの貨物が積まれているという。何台かの中古トラックや冷蔵庫が目立つが、圧倒的に多いのはダンボール箱。ビールなどの日本か

操舵室で取材に応じた張昌栄船長

らの輸出品もあるが、祖国訪問団の人たちが親族へ持って行く荷物がうずたかく積み上げられている。

箱の中は安い衣類などが多いが、朝鮮の親族たちはこれを頼りにしているという。帰国事業で渡った人に子や孫ができて親族が増えていくため、持って行く荷物の量が増えているとのこと。乗客たちはこれとは別に、一人二個と決められているスーツケースを客室に持ち込んでいる。

夕食後には食堂で、女性乗組員たちによる音楽ショーがあった。歌うのは色鮮やかなチマ・チョゴリ姿の七人。その後ろで数人がバンド演奏をしている。ここはすっかり〝朝鮮〟に変貌した。踊り出す乗客たちもいて、大いに盛り上がる。

当然のことなのだが、朝鮮の船といっても他の国の客船と大きく異なる点は見当たらない。あえて挙げるならば、金日成主席・金正日総書記の肖像画が客室などに掲げられていることくらいだ。

## 船長に疑惑を質す

二八日午後三時から、張昌栄《チャンチャンヨン》船長に操舵室で約四〇分間のインタビューを行なった。一九九九年からこの船の船長をしており、妻と二人の息子がいるという。この船に対する数々の「疑惑」について質すと、次のように答えた。

「日本での税関検査はきちんと適切に受けており、日本当局との信頼関係によって共和国(朝鮮)と日本とを行き来しています。この船の船長である私は、責任ある行動を取ってきました。日本のマスメディアが宣伝している疑惑は完全なでっち上げです」

次に、日本で成立しようとしている特定船舶入港禁止法案について聞いた。

「この船は朝日赤十字の合意によって運行されており、基本的使命は在日同胞への人道的なもの。そうした船に対して、日本政府が一方的に制限を加えることは理にかなったものではありません。入港禁止法案は人道的にみて国際法を完全に無視したものです。法案が成立し発動されたならば、両国間の緊張は危険な状態になるでしょう」

日本も批准している「海洋法に関する国際連合条約(国連海洋法条約)」の第二四条「沿岸国の義務」には、行なってはならないことが規定されている。

a　外国船舶に対し無害通航権を否定し又は害する実際上の効果を有する要件を課すること。

b　特定の国の船舶に対し又は特定の国へ、特定の国から若しくは特定の国のために貨物を運搬する船舶に対して法律上又は事実上の差別を行うこと。

船長は、これに違反しているると指摘しているのだ。この時に船長が危惧したとおり、法案成立からの日朝関係は最悪の状態へと突き進んでいった。

### 拉致問題について乗客に聞く

祖国訪問団は親族を訪ねるのが目的で、この時が四二〇次。今回の乗客は、その祖国訪問団が一四一人ともっとも多く、朝鮮大学校政治経済学部の三年生三三人、茨城朝鮮初中高級学校の修学旅行生三一人と教員六人、そして私の合計二一二人。ちなみに、乗組員はこの航海では六七人とのこと。船を使っての祖国訪問者は、この取材時で約五万六〇〇〇人。その人たちが朝鮮で訪ねるのは、帰国事業によって渡っていった親族がほとんどだが、故郷が朝鮮半島北側にあるという人が少ないながらもいる。

祖国訪問団参加者と大学生へのインタビューを朝鮮総連へ事前に申請していた。

「万景峰号へのバッシングが続いている状況なので、顔を出すのを嫌がる人が多いのではないでしょうか」

そう聞かされていたが、狭い空間に何日間も一緒に閉じ込められていたため、乗客たちとすっかり親しくなった。

「お茶でもどうですか」

「一緒にビールでも」

初対面の人から次々と誘われるのである。それだけでなく、答えにくい質問にもビデオカメラの前でたくさんの人が話をしてくれた。

「自分の国を信じていたので、拉致の衝撃は大きかったです。拉致被害者たちの気持ちはよくわかります。しかし、拉致問題解決のために万景峰号を入港禁止にするというのは間違いです」

とある学生は語った。訪朝するのは四回目という別の学生にも話を聞いた。

「日本人拉致は犯罪なので、見逃すことも許す気もありません」

と語り、次のように続けた。

「この船に乗るたびに思うことがあるんです。先祖たちは恐怖に怯えながら、労働力として朝鮮から船で日本へ連行されました。この海には先祖の恨《ハン》や血の歴史があります。万景峰号の運航を止めることは、日本による加害の歴史を隠すことになります」

夫の墓参りと兄弟や子どもたちに会うために乗船したという七三歳の女性は、次のように語る。

「朝鮮は良くても悪くても自分の国。一生懸命働いてお金を貯めて（親族に）会いに行くのは並大抵のことではありません。一三回の訪朝のすべては経済的理由からこの船です。入港禁止で子どもたちの顔が見られなくなると、泣いても泣き切れない……」

乗客たちに次々と声をかけていたら、八〇歳の日本人女性がいた。

「軍需工場で朝鮮人男性と知り合い、終戦の直前に防空壕の中で結婚しました。息子は一九歳で朝鮮へ帰国。そのため孫と曽孫が平壌《ピョンヤン》にいます。六回目の訪朝となる今回は、昨年一〇月に亡くなった夫の遺骨を持って行きます。自分が死んでも、息子やその次の世代が墓を守ってくれるからです」

この女性が、乗船時に持っていた四角い風呂敷包みは遺骨箱だったのだ。

東京で暮らす金順萬《キムスンマン》さん（一九三〇年生まれ）は、一三歳で日本へ渡って来た在日朝鮮人一世。訪朝は今回で九回目、同行する妻は四回目で、二人とも二年ぶりだという。金さんは、五軒の親族にそれぞれ五万円ずつ渡す用意をしている。それだけでなく、知人から頼まれた一〇個を含む三五個ものダンボール箱を船に積み込んだ。私が船倉で見たものだ。

その荷物の多くが衣類だが、ゴマ油や調味料などが入った重たい箱もあるため、平均すると一個約二〇キログラム。合計すると何と七〇〇キログラムにもなる。金さんはこの三五個に対し、一個五〇〇〇円の合計一七万五〇〇〇円を支払った。これを航空機で運んだならば、超過手荷物料金が約五八万円もかかる。船を使うしか選択肢はないのだ。

この乗船取材で万景峰92号は、在日朝鮮人と朝鮮の親族との重要な絆であることが明らかになった。だが特定船舶入港禁止法は与党だけでなく民主党（当時）の賛成も得て、私がこの取材を発表したすぐ後の六月一四日に成立。二〇〇六年七月から禁止措置が実施され、他の制裁とともに更新が繰り返されてきた。

「我が国の平和及び安全を維持するため、特定船舶の入港を禁止する」

というのが特定船舶入港禁止法の趣旨である。万景峰92号が厳しい監視下に置かれるようになってからは、違法行為をするのはまったく不可能である。「平和と安全の維持」に反することなどあり得ない。

そもそも敗戦時の日本に、約二一〇万人もの朝鮮人がいたのは、日本による朝鮮植民地支配の結果である。その人たちを朝鮮へ帰国させる事業の延長として、万景峰92号による「祖国訪問」がある。こうした歴史的経緯を無視してはいけない。

## 一世の怒り爆発で出た同行許可

四月三〇日の朝、目が覚めるとエンジン音が聞こえなくなっていることに気づく。すぐにデッキへ向かう。船は、元山港の沖合で停泊していた。曇り空ということもあり、街は水墨画のように落ち着いたたたずまいを見せている。神秘的で美しい。

船が動き出して岸壁に近づくと、乗客たちが次々とデッキへ出て来た。愛知県からの八人兄弟は、張り裂けんばかりの声で叫びながら涙を流している。

「わかった！　柳の下の黒い服」

「お姉ちゃん、来たよ！」

出迎えの親族を見つけたようだ。子どもたちのブラスバンドに迎えられて船が接岸すると、私は乗客たちよりも先に降りた。朝鮮高校の生徒たちが、祖国の地を初めて踏むようすを撮るためだ。どちらの足から降りるのか、両足同時なのかを仲間で話し合っているという。男子生徒たちは、照れくさいのか無造作に降りた。だが女子生徒のほとんどは、掛け声とともに飛び上がり、両足同時に着地した。

ここの税関検査は、平壌空港よりも厳しい。たくさんの撮影機材は問題にならないのに、ノートパソコンが引っかかった。出迎えに来た対文協の案内員が一筆書いてくれたので、何とか持ち込む許可が出た。

「悲惨な生活状況にある」

「行方不明者がいる」

「収容所に入れられている」

朝鮮への帰国者たちの状況については、こうした報道が多くある。そのため、在日朝鮮人一世の金順萬さんの親族訪問に、同行取材する希望を出していた。以前の親族との対面は平壌市内のホテルで行なわれていたが、今では親族の家まで行って何日間か泊まるように変わった。

金さんの両親と二人の弟は一九六〇年に帰国船へ乗った。帰国事業が始まった翌年である。現在も健在なのは一人の弟だけとなった。

「腎臓が悪いので、元気でいるか早く行って確認したいのですよ」

祖国訪問団が昼食をとるホテルに行くと、それぞれの親族がたくさん待ち構えていた。その中には、金さんの弟たちの息子四人もいた。

「職場で借りた古い乗用車を運転してやって来たんです。船が遅れたので、車を返すのが遅れることが気になっています」

金さんら祖国訪問団を乗せたバスは、すぐに平壌へ向かった。彼らがおもに宿泊するのは、大同江《テドンガン》河畔にある平壌ホテル。このホテルだと、在日朝鮮人は宿泊料金が優遇されるからだ。ここは満室なので、私はすぐ近くの解放山《ヘバンサン》ホテルに泊まることになった。

私をサポートしている対文協の案内員が、祖国訪問団を受け入れている海外僑胞《キョポ》局の案内員からとんでもないことを言われてきた。

「同行取材の許可が出ていません！」

翌日から予定している同行取材ができないというのだ。金さんの弟の家と両親らの墓は地方都市にあるため、外国人ジャーナリストに撮影させることをためらっているようだ。

夕食後、平壌ホテルで海外僑胞局の責任者と交渉を始めた。対文協の案内員と金さんも一緒である。話し合いは、夜中まで続いたもののまったく進まない。対文協は、何とか私の希望を実現させようと説得してくれているが、海外僑胞局はまったく取り合わないのだ。完全に膠着状態である。

それまでやり取りを黙って聞いていた金さんが、大きな声を上げて怒り出した。

「伊藤さんの同行を認めないのなら、弟と会わずに日本へ戻る！」

体の大きな金さんの怒鳴り声は迫力がある。このひと言で、その場の雰囲気が大きく変わった。金さんたちが弟のところへ出発するのは明日の正午。それまでに結論を出すということになった。

私は解放山ホテルまでの暗い夜道を歩いて戻り、シャワーを浴びてからベッドに入った。しかし、同行できるかどうかが心配で熟睡できなかった。

翌朝、ホテルの食堂へ行くとウェイトレスたちが色とりどりのチマ・チョゴリ姿で接客をしていた。今日は五月一日。メーデーは、この国では祝日なのだ。

午前中、大城山《テソンサン》遊戯場へ撮影に行く。ここでは毎年、メーデーの祝賀行事が行なわれ、たくさんの市民が集まる。その中を自由に動き回って、自然な姿の人々を撮影することができるという貴重な機会なのだ。

広場では、職場対抗のゲームが次々と行なわれている。とりわけ観客たちが盛り上がったのは「米兵叩き」。鬼のような顔の米兵が描かれた看板を、目隠しをした人が仲間たちの声に誘導されて棒で思い切り叩くという競技だ。この国の、米国との関係がよくわかって面白い。

そうしたようすを夢中になって撮影していると、正午近くになって「同行取材を認める」との連絡があった。急いでホテルへ戻る。

## 外国人初取材で見た親族訪問

午後一時、金さんがチャーターしたマイクロバスが平壌ホテルを出発。その後を、私が乗ったベンツがついて行く。古いながらも、よく手入れされたベンツがたくさん使われている。金さんの弟・金洪沢《キムホンテ》さん一家が暮らすのは、黄海南道《ファンヘナムド》載寧郡《チェリョングン》。車は平壌市から南下し、沙里院市《サリウォンシ》で向きを西へと変えた。

ここは見渡す限りの平野が続き、朝鮮でも有数の稲作地帯になっている。車は田植え前の農地の中を猛スピードで走り抜け、ホテルから一時間一五分で載寧の街へ着いた。

金さん夫妻を、二〇人以上もの親族が待ち構えていた。バスから降りた金さんは、最初に弟へ日本語で声をかける。

「杖をついてどうしたんだ?」

再会の喜びで涙ぐんでいる弟。杖を使っても歩くのがつらそうだ。

「弟が息をしているから安心しましたよ」

金さんは、うれしそうな表情で私に向かってそう言う。そして全員で、街の中心部にある広場へ行く。そこに建つ金日成主席の大きな肖像画に献花をするためだ。どの地方都市にも、こうした場所が必ずある。全員が横一列に整列し、深く頭を下げる。

次に、足の悪い弟を残して両親の墓参りに向かう。私は金さんたちのようすを撮影するために、マイクロバスへ移動。共同墓地への道は、未舗装のひどい悪路である。

「危ない、横転する！」

思わずそう声が出るほど、マイクロバスが大きく揺れる。そのため、車で行くのを途中で断念。だが墓地は小高い山の上にある。そのため体重が八五キロもある金さんは、親族たちに助けられながら登っていく。

墓は、実に眺望の良い場所にあった。しかも晴天なので、新緑の中に白く塗られた建物が並ぶ街が美しい。大汗をかいた体に、吹き抜けていくさわやかな風が心地良い。

金さんの両親と下の弟の墓は大きくて立派で、よく手入れされている。今までに朝鮮で何度か共同墓地へ行ったが、私が見た市民の墓としてはもっとも立派だ。これらの墓は、軍事境界線の南側にある忠《チュン》清南道《チョンナムド》に向かって建てられている。一九四五年の解放後、故郷がある韓国ではなく、思想的に支持をする朝鮮へ渡って亡くなった人たち……。墓は、はるかかなたの故郷に向いているのだ。

一族の最年長者である金さんが祭祀を取り仕切り、伝統的な方法で皆が順にお参りをする。それが終わると、金さんは弟の家へ向かった。幹線道路沿いに少し古いアパートが立ち並ぶ。その一つの二階で弟一家は暮らす。玄関を入ったところに四畳ほどのスペース。その奥に二つの約五畳の部屋と台所がある。一族の全員が入るとさすがに狭い。

金さんの妻は、ちょうど七〇歳。そのお祝いが準備されていた。金さん夫妻の前の食卓にはたくさんのご馳走が並べられている。親族たちは順に、両手を前にかざしてお辞儀をする伝統的な挨拶をして二

弟一家が見守る中で，両親の墓参りをする金さん夫妻

弟が暮らすアパート前の，金さん夫妻と弟たちの家族

人に酒を注ぐ。

私が今までに取材した地方都市の個人宅と同じように、この家も質素だ。その部屋の中で、日本製の立派なカラオケ装置が目につく。金さんが説明してくれる。

「弟の子どもたちは、自分の子どもへの音楽教育に夢中なんですよ」

そうした状況なので、金さんはアコーディオン二台をプレゼントしている。この帰国者一家は、経済的には豊かではないものの精神的にはゆとりを持って暮らしているように見えた。

あまり長居をすると迷惑をかけるので、もっと撮影したい気持ちを抑えて私だけ平壌へ戻った。

翌日、午前九時にホテルを出て再び載寧へ。この日は、弟のアパートから車で約四〇分のところにある景勝地・長寿山《チャンスサン》へ全員で向かう。そこでバーベキューをしようというのだ。このようなもてなしは、親族訪問での定番になっているようだ。

美しい緑の中に小川が流れている場所で、バーベキューの準備をする。大量の豚肉や殻つきのカキなどが、一度に焼き網の上に並べられた。自分たちで捕ってきたというこのカキは、小粒だがかなり旨い。

楽しそうにしている弟に、今の心境を聞いた。

「こんなすばらしい場所で、楽しい時間を過ごすことができました。これも（金正日）将軍様のおかげです……」

皆が満腹になった頃、カラオケ装置がセットされる。家族ごとの歌合戦が始まった。子どもたちは、アコーディオンやギター、そして伝統楽器のカヤグム（伽倻琴）を演奏する。この日のために練習したという人もいるが、この一族は歌や楽器が上手である。皆が次々と踊り出す（第Ⅰ部扉写真）。

宴の最後は「また会いましょう」という歌だ。それが始まると、金さんだけでなく誰もが涙する。日本による朝鮮への制裁が始まると、高齢の金さんの訪朝がどうなるのかわからない。

「会うのはこれが最後になるのではないか……」

そうした皆の思いがひしひしと伝わってくる。ビデオカメラを回しながら、私の目もうるんでいる。

「健康でいてください！」

金さんに皆が次々と声をかける。

「会いに来るのはうれしい反面、別れる時はつらいものです。いつまでこの状態が続くのか……」

金さんはさびしそうに語った。「この状態」とは、再会するのには日本からやって来るしか方法がないことを言っているのだ。

平壌のホテルへ戻ると、すっかり感傷的になっていた私の気分を吹き飛ばすことが起きた。

「金さんたちのマイクロバスに乗り込んで撮った映像を見せて欲しい」

私の部屋にやって来た案内員がそう言う。自分たちが見ていない時に撮影された映像が気になるのだ。渋る海外僑胞局を説得して実現した取材なので、問題が起きないようにしたいのだろう。

「私を信用して欲しい」

そうはっきりと言って、見せることを断った。

## 安倍幹事長が乗船取材を批判

私が万景峰92号への乗船と親族訪問同行の一一日間に撮影したフィルムは五〇本で約一八〇〇枚、ビデオテープは四四本で約二九時間。いくつかの雑誌とテレビの特集として発表した。誰もやったことのない内容のタイムリーな取材となったことで、大きな反響があった。

すると、朝鮮への制裁を声高に主張し、特定船舶入港禁止法の成立に執着していた自民党の安倍晋三幹事長は、私のこの取材に次々とクレームをつけた。

二〇〇四年五月一六日放送のフジテレビ系列『報道2001』の中で、朝鮮が日本のマスメディアに万景峰92号の取材をさせたと述べたのである。この乗船取材は私が思いついたものであり、消極的な朝鮮側と交渉を重ねて実現させたものだ。

それだけではなかった。次に安倍氏は、七月の徳島・岡山・大阪での街頭演説で次のように発言。

「北朝鮮は(入港禁止法を)成立させないため、いろんな圧力をかけてきた。テレビ局や新聞社、学者や評論家への工作に大変なお金を使った」(『中日新聞』二〇〇四年七月九日付)

私はこの時の取材も含め、朝鮮やその関係者から金をもらったり特別待遇を受けたりしたことは一度もない。強いて言えばこの取材で、解放山ホテルが三等室料金で二等室に泊めてくれたことと、請求された六日間の自動車と運転手のチャーター料八〇〇ユーロ(約一〇万円)を「高すぎる」と言ったら一万円安くしてくれたこと。それだけが朝鮮からの「便宜供与」である。ちなみに、この時の取材で使った航空運賃を含む経費は約六〇万円だった。

安倍氏は入港禁止法への批判に過敏になって発言したのだろうが、責任ある与党幹事長という立場にありながら、朝鮮による「圧力」と「工作」の内容について具体的な説明をしなかった。事実関係を確認もせず、自らの感情や思い込みのまま安易に批判する姿勢はその後も変わっていない。朝鮮への不安と怒りを徹底的に煽り、異常なまでの強硬姿勢を取ることによって、安倍氏は二〇〇六年九月に内閣総理大臣になった。

## 制裁は在日朝鮮人いじめ

朝鮮を「定点観測」していて強く変化を感じるのは、近年になってからの平壌の街の発展ぶりだ。高層アパートや新しい施設が次々と建設されている。そして、あふれるほどの商品が並ぶ商店が増えた。日本による制裁発動前は、商店には日本から輸入した食品や日用品が多く、街を走る車は日本の中古車ばかりだった。だがそれらは、もはやほとんど見られない。いまや日本製は、日本企業が海外工場で生産したものがわずかに入っているだけだ。

日本からの輸入ができなくなると、一時は中国製ばかりだったが今では朝鮮製がほとんど。金正恩《キムジョンウン》国務委員長の国産品の品質を向上させる政策により、中国製が売れなくなったのだ。このように、制裁によって朝鮮を経済的に追い詰めようという日本政府の政策は完全に失敗した。

だが日本による制裁は、在日朝鮮人にとっては深刻である。万景峰92号の日本入港ができなくなってからは、親族・祖国訪問や朝鮮高校の修学旅行は、航空機を使わざるを得ない。万景峰92号での修学旅行の全費用は八万五〇〇〇円だったが、余分に一〇万円かかるようになったという。

またお年寄りや体が不自由な人であっても、万景峰92号に新潟で乗船してしまえば船内や朝鮮へ着いてから十分な世話をしてもらうことができる。航空機は中国での乗換えの際の肉体的負担が大きく、渡航を断念したお年寄りも多い。

二〇〇五年に訪朝した在日朝鮮人は、四〇〇〇人近く。その三分の二が万景峰92号を利用した。しかし渡航手段が航空機しかなくなってからは、年間約二〇〇〇人にまで減ったという。

万景峰92号の乗客は「朝鮮籍」の人が約八〇パーセントで、日本に帰化した人や朝鮮人の配偶者を持つ日本人、そして「韓国籍」の人もいた。乗船取材の際、「時間のある時に話をしましょう」と私に声をかけてきた人がいる。

食堂の隅の丸テーブルで、いつも一緒に食事をしている七人グループのうちの一人だ。二人だけで会った。何とそのグループは、韓国政府を支持する在日本大韓民国民団(民団)の人たちで、声をかけてきたのはその幹部だった。私は、予想外の話に驚いた。

「新義州《シンウイジュ》で暮らす親族に会いに行くんです」

新義州は中国との国境にあり、平壌市から遠く離れた地方都市である。そんな所まで、「民団」幹部であっても親族を訪ねて行くことができるというのだ。

帰国事業への評価はともかく、そのことによって日本で暮らす韓国・朝鮮人には、朝鮮にも親族が暮らすという状況が生まれた。万景峰92号は、日朝をつなぐ重要な絆であることは確かだ。

また日本の独自制裁である「輸出入の全面禁止」によって、朝鮮と貿易をしたり朝鮮で事業をしたりしていた在日朝鮮人は、物のやり取りができなくなり廃業を余儀なくされた。中古車・ピアノ・化粧品や食料品といった物を、中国などを経由して輸出した業者が「外為法違反」として逮捕されている。民生品の輸出が犯罪になることなど異常なことだ。

それればかりか経済産業省から依頼を受けた税関は、朝鮮から日本へ戻った人への空港での荷物検査を実施。朝鮮からの「輸出入禁止」の対象品を容赦なく没収してきた。私は安価な切手を「輸入品」として没収されたことがある。二〇一八年六月に関西空港の税関は、朝鮮への修学旅行から戻った神戸朝鮮高校の生徒六二人全員の荷物検査を実施。そのうちの一八人から、民芸品や化粧品など多数を没収した。悔しくて、女子生徒は泣き叫び男子生徒は怒りを爆発させたという。これは非人道的行為であり、「民主主義国家」として恥ずべき振る舞いだ。

日本の朝鮮からの輸入は二〇〇七年から、輸出は二〇〇九年から「ゼロ」なのである。隣国とまったく商取引がないというのは、戦争状態と同じだ。日本の側も急速な発展が見込まれる有力な市場を失っただけでなく、喉から手が出るほど欲しいレアアースなどの鉱物資源を得られなくなっている。

日本政府は、拉致問題などの解決のために朝鮮と朝鮮総連へ圧力をかけようとしてきた。ところが実際に大きな影響を受けているのは、在日朝鮮人という個人なのである。

深刻なのはこのことについて、日本国内での批判の声がマスメディアを含めてほとんどないことだ。いわばタブーとなっている。その理由は、第一次安倍政権の時から朝鮮や朝鮮総連を徹底的にバッシングする政策が続いたことにより、民族排外主義が日本社会の中に広まってしまったからだろう。いまや中国や韓国に対しても、領土問題でなくても安易にバッシングするという由々しき事態となっている。日本の異常なまでの朝鮮敵視政策は、日本社会を確実に不自由にしてきた。

# 第2章　支援した食糧は「軍事利用」？——日本による支援のゆくえ

## 小泉首相の大きな手土産

二〇一四年五月、スウェーデンのストックホルムで日本と朝鮮との政府間協議が行なわれた。日本政府が発表した合意文には、次のような項目がある。

「人道的見地から、適切な時期に、北朝鮮に対する人道支援を実施することを検討することとした」

このことが発表されると週刊誌などでは、朝鮮は今まで国際社会から支援された食糧を横流ししてきたとの報道が続いた。これと同じことが一〇年前にもあった。

二〇〇四年五月に平壌で行なわれた日朝首脳会談で、小泉純一郎首相は二五万トンの食糧支援を約束。二〇〇二年九月に続く二回目となった訪朝の〝手土産《てみやげ》〟である。

朝鮮への食糧などの人道支援は、各国が直接に実施したことはあまりない。国連世界食糧計画（WFP）などの国連機関へ資金を拠出する形で支援するのである。日本政府は八月五日に、「世界食糧計画、国連児童基金及び世界保健機関の対北朝鮮人道支援活動への拠出について」として支援内容を発表。

WFPに対しては、わが国から約四〇〇〇万ドルを拠出し、孤児、妊婦、幼児、老人等の脆弱者に対し、小麦（五万トン）、コメ（四万八〇〇〇トン）、トウモロコシ（一万八五〇〇トン）、大豆（五〇〇〇トン）、砂糖（二〇〇〇トン）、食用油（一五〇〇トン）の食糧支援を実施する。

ユニセフに対しては、五〇〇万ドルを拠出し、基礎医薬品の供与、医療器具整備等を行う。

ＷＨＯに対しては、約二〇〇万ドルを拠出し、三〇の病院に対して、ＷＨＯの病院用キット（殺菌器、ピンセット、外科手術用メス、検鏡、注射器、縫合糸、ガーゼ類、手術台等）の供与を行う。

「適正な支援実施のため、各国際機関からは、詳細なモニタリング報告がわが国政府に提出される」とも記されているが、日本政府はさらに監視要員の派遣を決めた。

## 取材交渉のために訪朝

この発表の前から、朝鮮への人道支援について同じような報道があふれていた。

「国際社会からの人道支援の食糧は、軍や政府高官に横流しされている」

おもにその根拠とされたのは、朝鮮国内の市場で隠し撮りされたビデオ映像である。それには、「ＷＦＰ」などの文字が入った穀物袋が映っていた。支援された穀物が横流しされて売られているというのだ。はたしてこれは、その「証拠」なのだろうか。

私は、日本政府によって拠出される朝鮮への人道支援物資が、人々へ確実に届くのかどうかを取材してみようと思った。それまでの朝鮮取材の経験から、この取材の実現は容易ではないことが予想された。そのため、関係機関の協力を得るために二〇〇四年九月一一日に訪朝した。

平壌市内の大同江《テドンガン》区域には、各国大使館の建物が立ち並ぶ地区がある。ＷＦＰ平壌事務所は、その奥

国連世界食糧計画(WFP)の平壌事務所

まった場所に位置している。私はWFP日本事務所から、ここへの連絡を依頼していた。ところが訪れると、「何の連絡も入っていない」というのだ。その後、指定された時間に二回電話したものの「時間がなくて会えない」との返事。仕方なく、協力依頼の文書だけを渡した。

朝鮮において、国連や外国政府からの人道支援の受け入れ窓口となっていたのは水害対策委員会。一九九五年に起きた大水害の後に設けられた。

この機関との取材交渉をしてくれている対文協の日本局長と話し合いをする。

「交渉は、うまくいくかどうかわからないですよ」

WFPは未開放地域へ外国人スタッフが立ち入って活動することを要求しており、水害対策委員会がそれに強く反発しているからだという。

めどが立たないまま一八日に帰国。日本政府の支援食糧が朝鮮へ着くのに合わせて日本を出発する準備を始めた。日本政府による食糧支援を取材するので、外務省北東アジア課に取材計画を伝えた。

## 民間支援取材で万景峰号に乗る

日本のNGO「朝鮮人道支援ネットワーク・ジャパン(ハンクネット)」は、朝鮮の小さな子どもたちへの人道支援をしてきた。二〇一八年までに約二四〇〇万円を集め、粉ミルク約一七トンや離乳食・哺乳ビンなどを届けている。

ハンクネットによる朝鮮への支援は、日本人と在日韓国・朝鮮人によって二〇〇〇年に始められた。竹本昇代表は次のように語った。

「日朝の歪んだ関係を日本の側から正していく必要があると思い、人道支援を始めました。多くの人道支援NGOが拉致問題などで朝鮮から手を引きましたが、深刻な食糧不足にある隣国の人々を見殺しにして平気でいることなどできませんよ」

日本政府による支援食糧が輸送されるのとほぼ同じ時期に、ハンクネットの人たちが万景峰92号で粉ミルクを運ぶという。私は、政府によるものだけでなく、民間による人道支援も取材することにした。

二〇〇四年一〇月七日、万景峰92号は新潟港を出港。ハンクネットの三人が乗船している。彼らは支援する乳児用粉ミルクを、品質の良い日本製にこだわっている。そのため、中国で価格の安い中国製を買いつけるのではなく、費用はかかるものの日本製をこの船で運んできた。万景峰92号は、人道支援物資であれば無料で運んでくれるからだ。

粉ミルクが積み込まれている状況を見るため、ハンクネットの人たちとともに船倉へ入れてもらう。

びっしりと積まれた荷物の中に、三つのパレットに載せられた缶入り粉ミルクが入ったダンボール箱を確認した。

八日の午後四時三〇分、元山港《ウォンサン》へ入港。相変らず、ここの税関検査が実に厳しい。

「印刷機なので、帰国まで預かります！」

税関職員は、今度は私の小型プリンターを見て事務的な口調でそう言い渡した。プリンターを持ってきたのは、平壌のホテルでメールを使うことができない場合、雑誌編集部へファックスで原稿を送るためだ。

「帰国は、平壌からの飛行機なので困ります」

私がそう言うと、必ず持ち帰るという条件で何とか認めてくれた。

九日、ハンクネットの人たちとともに元山市内にある「江原道《カンウォンド》育児院」へ向かう。道路の両側に平屋の住宅が雑然と並び、たくさんの人たちが行き来している。そうした中を、未舗装の悪路を車はゆっくりと進む。

「実に生活感がある！」

そう思ってカメラを構えようとしたら、案内員の大きな声が響いた。

「撮影しないでください！」

庶民の生きいきとした生活が伝わる良い写真が撮れるのに、「立派」「きれい」「新しい」ものしかこの案内員は撮影させてくれない。この「基準」は、案内員や受け入れ機関によって差がある。

ちなみに案内員は、私一人で訪朝しても必ず二人がつく。そして帰国するまで、同じホテルに宿泊し

平壌育児院の子どもたち．90 年代後半，災害で親を失った子どもが多くいた

平壌育児院で粉ミルクを贈呈するハンクネットの人たち

て行動をともにする。私の滞在期間はいつも長いので、担当になった人たちは大変である。江原道育児院の前には、女性の院長が待ち構えていた。ハンクネットの人たちに、お礼の言葉を繰り返す。贈っている粉ミルクが、よほど役立っているのだろう。

育児院には、親の死亡や病気などによって家庭で育てられない〇～五歳の子どもたちがいる。その中に何組もの三つ子がいるのには、少し違和感を覚えた。

「三つ子や四つ子が生まれると、親の経済的負担が大きいので預けられるのです」

「キム・カンソン」「キム・テファ」「キム・グクァ」と名づけられた三つ子を紹介された。三人の名前は、朝鮮の重要な政治スローガンである「強盛」「大」「国」からつけられたという。

一〇日に平壌へと移動し、翌日は平壌育児院を訪問。職員たちが、粉ミルクのダンボール箱をバスからリレーして降ろす。

ハンクネットはここで、特定の子どもたちの健康状態を記録してきた。そのため、二日続けての訪問となった。院長らは子どもたちの発育データを準備し、細かな質問に対しても丁寧に答えるなど実に積極的に協力している。

規模は小さくても、こうしたNGOによる特定の施設への継続した支援は、確実に成果を上げているようだ。子どもたちの命を助けているだけでなく、民間レベルで信頼関係を築くことにも大いに貢献している。また、朝鮮と長年にわたって民間交流をしている団体もある。「南北コリアと日本の友だち展」は、朝鮮・日本・ソウルでそれぞれの国の子どもたちが描いた絵画の展示などを続けてきた。

## 平壌駅前で交通事故に遭う

ハンクネットのスタッフの一人の下痢が止まらないという。朝鮮滞在中に、ひどい下痢をする日本人は多い。生水を飲まないようにしていてもダメなのだ。朝鮮製のミネラルウォーターが、硬水であることも一因だと私は思っている。

「病院へ連れて行って欲しい……」

自分からそう言い出すのだから、かなりひどいのだろう。そのため、朝鮮に駐在している大使館職員ら外国人のための「平壌親善病院」へ行くことになった。午後五時近くに、宿泊している普通江《ポトンガン》ホテルで、ハンクネットがチャーターしているバスに私も乗り込む。雨が降り続いている。

平壌駅前はロータリーになっていて、信号機がない。私たちが乗ったバスが、そこへ北側から入って東側へ抜けようとした時、軍用と思われるカーキ色の四輪駆動車が右側から突っ込んで来た。窓から一部始終を見ていた私には、それはスローモーションで見えた。

大きな音と衝撃。バスは横腹が少しへこんだだけで済んだが、相手の車はかなりダメージを受けている。私はどうもないが、前の座席にいた案内員は痛そうに右手をさすっている。近くの高麗《コリョ》ホテルまで行き、そこでタクシーに乗り換えた。

私が朝鮮で交通事故に遭ったのはこれで二回目。最初は一九九八年で、スピードを出して高速道路を走行していた古いベンツのシャフトが折れた。とてつもなく大きな「ゴロン、ゴロン」という音が車体の下からして、車は大きく蛇行。対向車とぶつかっていたら重大事故になった。

事故を目撃したことも何度かある。自動車の台数は少なくても、交通事故が起きる割合は高いのではないだろうか。それはどの車も猛スピードで走ることと、飲酒運転をする運転手が多いからだ。

平壌親善病院は、大使館地区の奥まったところにある。WFPの事務所が近い。建物はかなり古いが、中へ入ってみるとよく手入れされている。患者が少ないのか、女性の看護師たちは暇そうにしている。診察をしてくれる四〇歳くらいの医師は、少したどたどしい日本語で質問をする。小さな時に両親と日本から帰国したか、こちらへ来て生まれた子どもかも知れない。

「点滴を三本打ちましょう」

医師はそう言うのだが、それが終わるまでに六時間もかかるという。仕方なく、そのスタッフは入院することになった。

病室に点滴の準備がされる。私は、点滴液が入ったガラス瓶に思わず見入ってしまった。朝鮮製と思われるその瓶は、表面全体に細かな凹凸がある。手作り感がかなりあり、飾って置くには良いだろうが……。

病室の隅に置かれた椅子に、看護師一人がじっと座っている。点滴が終わるまで付き添うようだ。後は彼女に任せ、ホテルへ戻ることにした。病院を出たら雨は上がっており、夕日に染まった雲が実にきれいだった。

### 「横流し疑惑」を質す

ハンクネットの三人は一三日に帰国。ここから、日本政府による食糧支援についての取材が始まる。大変なのはこれからだ。支援食糧が、地方都市で暮らす人々の口に入るまでを撮影するためには、水害いるようだ。

対策委員会の全面的な協力が不可欠である。こことの交渉をしてくれている対文協は、かなり苦労している

「自分で説得してください！」

ついに、このような提案を私にしてきた。自分たちができることは、すべてやったというのだ。私は水害対策委員会へ乗り込んで、直談判をすることにした。その事務所は、金日成広場に面した外務省の建物内にある。ここへは入ったことがないので少し緊張する。

水害対策委員会は、チョン・ユンヒョン局長が対応してくれる。取材の意義について理解してもらわないと動いてくれない。

「この取材は日朝関係改善にとってプラスになる」ということを、私は一生懸命に説明。局長は、私の話を大きくうなずきながら聞いてくれる。この場での返事はなかったが、感触はかなり良い。

水害対策委員会へのインタビューも希望していたので、続けて質問をぶつけた。最初に、現在の食糧事情について聞く。

「一九九五年の水害時と比べたら農業生産は向上したものの、エネルギー不足が農業に影響しています」

次に、この取材での核心的な質問をする。

「支援物資の、軍や党幹部への横流しはないのですか？」

私のストレートな質問に対し、局長は実に不愉快そうな表情で答えた。

「わが国にとって軍がもっとも重要であり、軍を優先する政策をとっています。ですから支援食糧を

横流しして軍に送る必要がない！」
国産の穀物が優先的に配給されている軍には、支援食糧は不要だというのだ。

## 唯一の公式滞在の米国人

ＷＦＰ平壌事務所は本部を平壌に置き、この取材時には元山・咸興《ハムフン》・清津《チョンジン》・恵山《ヘサン》・新義州《シンウィジュ》に人員を配置し、三四カ国からの四〇人と現地スタッフ七〇人が働いていた。日本・米国・韓国といった国交のない国からのスタッフ派遣は、朝鮮政府から認められていない。だが、事務所代表は例外なのだ。

リチャード・ラガン代表は、長髪でベスト姿の気さくな風体だ。朝鮮で公式に暮らしている唯一の米国人で、妻と子どもを連れて来ている。代表に就いてからまだ六カ月だが、朝鮮問題には一九九〇年代半ばから取り組んできたという。

朝鮮への食糧支援の必要性について次のように語る。

「私たちは、朝鮮でもっとも経済的に不利な立場の小中学校生・女性・妊婦・老人などへの支援をしています。支援食糧の約四〇パーセントは五歳未満の子どもたちへのもので、将来は国の柱となる新しい世代のためなのです」

朝鮮のすべての国民に均一な支援をするのではなく、その対象を社会的弱者に限定しているのだ。

「支援された食糧を、見たことも食べたこともなかった」

このように朝鮮からの脱出住民がテレビなどで語ったが、ＷＦＰの食糧は健康な一般成人に配給されることはないのだ。

## 山積みの「日本人からの贈り物」

ＷＦＰとユニセフが中心となって朝鮮政府と共同運営する食品加工工場は、平壌の他に清津・恵山など七都市一八カ所もあるという。そのうちの一つの「平壌子ども食品工場」で、日本からの支援食糧が加工される。

一四日午後、ＷＦＰの事務所を車で出発し、リチャード・ラガン代表や工場の担当者らとともに工場へ向かう。工場担当者はアルメニア人の女性で、週一回のペースでここを訪れて操業状況を確認しているという。

工場は平川《ピョンチョン》区域にあり、高麗ホテルの南西に位置する。私の乗った車は、真っ白に塗られたＷＦＰの二台の四輪駆動車に続いて工場の門をくぐる。そこは大きな広場を囲む形で建物が並んでいる。金日成主席が、この工場内で製品を見ているようすを描いた巨大な壁画が目立つ。

建物の一つがＷＦＰ用の工場になっている。ラガン代表の後をついてその中へ入る。そこには、白い袋に入れられた大量の穀物が入り口近くから積み上げられていた。その袋には大きな「日の丸」が描かれている。日本政府が贈った食糧である。これは日本政府の支援食糧のうち、最初の船で運搬されたものだという。九月三〇日に西海岸の南浦《ナムポ》港に一万二〇〇〇トンが到着し、そのうちの二四一一トンが一〇月初旬にここへ運び込まれた。袋の中は、中国産のトウモロコシと大豆である。

穀物袋には「日の丸」の他に、ＷＦＰのマークとともに英文が記されている。

「GIFT FROM THE PEOPLE OF JAPAN（日本人からの贈り物）」

朝鮮へ贈るのに、英語表示なのはなぜなのだろうか。日本からの支援ということを朝鮮の人たちに示すならば、朝鮮語にするべきではないのか。後に見たＥＵからの穀物袋には「ヨーロッパ連盟」と朝鮮語で記されていた。

平壌子ども食品工場では、子ども向けの米と牛乳の混合食品と、被災者向けの栄養粉を一日三交代のフル稼働で製造。それらは、お湯で溶いてお粥にして食べるようになっている。日本からの穀物は、栄養粉の原料として使われる。この工場には年平均トウモロコシ三五〇〇トン、大豆七〇〇トンと砂糖・食用油が原料として搬入されているとのことだ。

日本から贈られたトウモロコシが製粉機へ入れられている

作業はまず、女性二人で五〇キログラムの穀物袋を製粉機まで引きずって行く。そして袋の口を綴じている糸を抜き、トウモロコシと大豆を投入口へ次々と流し込む。粉にされた穀物は、次の部屋に並んだいくつもの大釜で煮て粥になる。部屋

工場を視察するWFP平壌事務所のリチャード・ラガン代表

の奥では、それを乾かすための巨大な乾燥機が動いている。ゆっくり回転する大きなドラムに、乾いた粥が張りついている。釜と乾燥機は日本製である。一九八二年に在日朝鮮人らの支援で導入されたという。ラガン代表がそれを見て褒める。

「古いのに壊れずによく働いてくれます」

そしてラガン代表は、ドラムから剝がれたフレーク状の粥をつまんで食べてみせた。それを女性たちが手作業で袋詰めをし、それをWFPと書かれた輸送用の大きな白い袋に詰め込んで完成である。

この工場のリ・ギョンソク技師長から話を聞いた。

「WFPからの支援が始まったのは一九九九年からです。子ども向けの混合食品は二〇〇一年から生産を開始しました。それからは、原料が途切れることなく生産を続けてきました。一カ月四五〇〜五〇〇トン、年間五〇〇〇トンを生産しています」

次に、日本政府からの支援についてどう思うか聞いた。

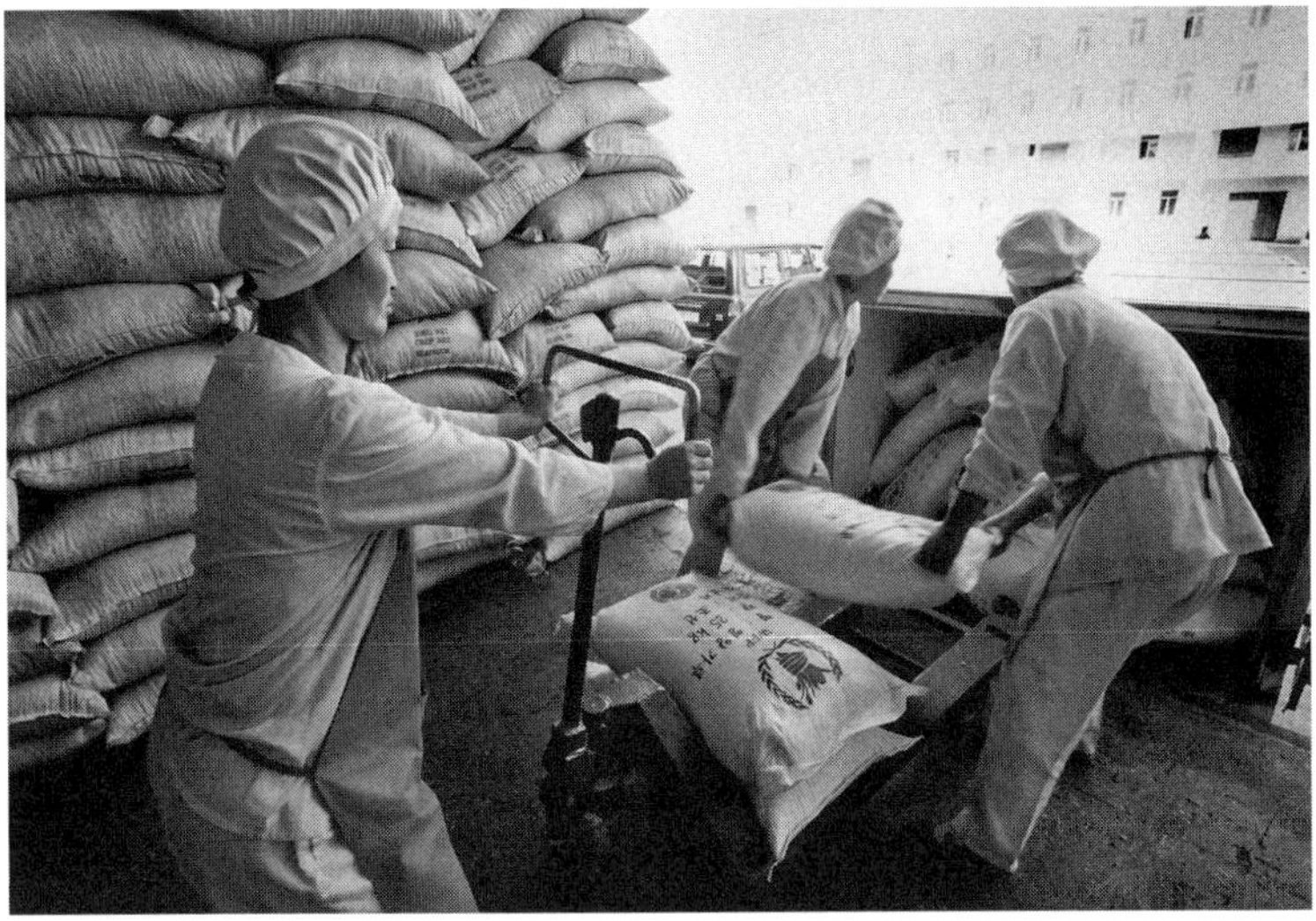

日本の支援で製造した加工食品をトラックに積み込む

「私たちは、日本政府がWFPを通して支援食糧を送ってくれたことをありがたく思っています。こうした国とか国連機関には、友好的に対応していきたい。今後も日本政府が人道主義的な立場で協力してくれることを期待しています」

水害対策委員会から、地方都市での配給のようすが撮影できるかどうかの返事はまだない。ただ、工場から出荷されるようすは撮影できるという。

ラガン代表の工場視察から一週間後、再び工場へ行った。山積みされていた日本政府からの穀物袋はかなり減っていた。

女性たちが小型トラックに、日本からの支援食糧が入ったWFPの袋を次々と放り込む。トラックで貨物駅まで運ばれ、そこから列車で咸鏡道《ハムギョンド》北部へ送られるという。ビデオカメラのファインダーの中のトラックは、工場の門から出るとすぐに見えなくなった。

## 市場に並ぶＷＦＰの穀物袋

私が提出した取材希望項目には、市場を訪れることも入れていた。建物内で撮影とインタビューをしないという条件で、「統一通り市場」へ案内された。これは、平壌市を流れる大同江の南に位置する楽《ラン》浪《ナン》区域にある。

倉庫のような形の平屋建ての大きな建物の周囲には、たくさんの車が止まっている。建物内に足を踏み入れて驚いた。客と店員でごった返し、すごい活気なのだ。

食料品や衣類・日用雑貨・電化製品など、さまざまな商品があふれている。輸入したバナナや季節外れの大きなスイカまで並んでいる。しかも品質が良さそうだ。古い機械部品を売っている年配の男性もいる。こうした光景はアジアのどの国でも見られるが、これほどの規模の市場はこの国では初めてだろう。

女性の責任者の後について、場内を駆け足で回る。私がちゃんとついて来ているかどうか頻繁に振り返って確認している。穀物売り場へ行かずに外へ出ようとしたため、引き返してもらった。

穀物を売っているのは、女性たちばかり。台の上には、穀物袋がずらりと並んでいる。それを見ると、「ＷＦＰ」や「韓国政府」と書かれた袋がたくさんあるではないか。「横流しの証拠」として、反朝鮮の活動をする団体が公開した映像と同じである。しかしよく見ると、どの袋もかなりくたびれており、「韓国政府」の袋には継ぎが当てられている。袋の中をのぞくと、入っているのは米・もち米・トウモロコシ・小麦・大豆・小豆など。その米は、あまり精米していないためにかなり黒っぽい。トウモロコシは粒が小さい。つまり袋の中の穀物は、明らかに朝鮮で採れたものだ。

順安協同農場での稲刈り．燃料不足で機械化は遅れている

ラガン代表は、次のように説明してくれた。

「市場でＷＦＰのマークのある穀物袋を見たとのことですが、私たちは数百万トンの食糧を穀物袋に入れて持って来ました。その枚数は六〇〇〇万枚になるでしょう。収穫期に各地へ出かけると、農民たちがその穀物袋に自分たちが収穫した穀物を入れているのを見ることができます。ですから市場で見たその穀物袋に入っている食糧は、彼らが収穫したものであってＷＦＰからの支援食糧ではないと思います」

平壌空港のすぐ近くの川東里《チョンドンリ》にある順安《スンアン》協同農場へ行ってみた。ちょうどコンバインを使って稲刈りをしている。車を止めてもらい、近くまで行って撮影をする。収穫された籾は、すぐ横の舗装道路に広げて乾燥させている。朝鮮の農村地帯では、天日で乾燥させるために屋根などへ広げられたトウモロコシの黄色やトウガラシの赤色をよく目にする。

農民たちは道路での乾燥が終わった籾を、朝鮮語

協同農場の精米所に積まれたWFPの表示がある穀物袋

で「サル(米)」と大きく書かれた韓国からの穀物袋に詰めている。農場のリャン・セシク管理委員長に、外国製の穀物袋を使っている理由を聞くと大笑いされてしまった。

「どうしてそんなことを聞くのか?」

そしてその場から、一つの作業班の精米所へ案内された。建物はかなり老朽化していて中は薄暗い。その中には相当古い精米機と、米がすでに入った穀物袋が並んでいる。その米は、統一通り市場で見たのと同じ黒っぽいものだ。

それらの袋にはWFPのマークとともに、オーストラリアから送ったことが記されたり、EUのマークが描かれたりしている。畳んだまま積まれた袋にも、同じものがたくさんある。WFPや外国政府からの食糧支援で使われた穀物袋が、日常的に反復使用されていることは明らかだ。

「自分の家にもこうした袋がありますよ」

対文協の案内員が言う。一九九五年以降の水害復旧工事では、こうした外国製の丈夫な穀物袋が土嚢《どのう》を作るために大量に使われたとのことだ。

「朝鮮で横流しはあるのでしょうか」

ラガン代表にそう聞くと、怒ったような、あきれたような表情になった。

「支援物資の横流しはどの国でもあります。数百万トンの食糧を積んだトラックが走り回っており、その中の一〜二台分の穀物が横流しされても驚くべきことではありません。問題は横流しが行なわれているかどうかではなく、それがその国の政府の意図的な政策かどうかです。これについて私は、(朝鮮では)絶対にないと確信を持って言えます」

ＷＦＰが実施しているモニタリングについて、次のように説明する。

「モニタリングは、どの国でも困難な仕事です。とりわけこの国では難しい。朝鮮の二〇四の郡のうち、ＷＦＰのスタッフは一六一郡へ行って毎月約五〇〇回、年間数千回のモニタリングを実施しています。この回数は他の国々よりはるかに多いものです。私たちのモニタリングは、いくつもの段階で行なわれます。まず支援食糧を積んだ船舶の入港と、食糧がこの国の政府へ渡るのを確認します。そして支援物資が人々へ届いているかを確認するため、郡の学校・食糧供給所・家庭などで実態を調べます」

この調査について元山で会った江原道水害対策委員会のリ・ヨンギル委員長は、日本政府の人道支援への感謝を述べた後、ＷＦＰなど国連機関への不満を語った。

「国連機関の職員は里《リ》(最下級の地方行政区画の一つ)や人民班にまで立ち入り、食料の分配に立ち会うだけでなく、人々が家庭でそれを食べるところまで毎日見に来ます。それができないと米を出さないというのです。これは、わが国を信用していないということです」

ＷＦＰがすべての郡で活動していない理由は、軍事施設があるなどの理由で立ち入りが認められていない地域があるからだ。そうしたモニタリングができない郡では、配給を実施していない。

「私たちはモニタリングによって、支援物資は住民たちへ確実に渡っているとはっきり言えます」

ラガン代表はこのように断言した。

韓国や中国などが以前に実施していたＷＦＰを通さない直接支援では、厳密なモニタリングは行なわれなかった。だが、日本や米国・ＥＵ諸国などによるＷＦＰを通した食糧は、確実に人々へ届いている。

## 「撮影できるまで帰国しない」

ここまでの取材はまずまず順調だが、まだ重要な部分が残っている。日本からの支援食糧の地方都市への輸送と、人々に配給されるようすをどうしても撮影したいのだ。水害対策委員会には直訴もしたし、対文協は洪善玉《ホンソンオク》副委員長まで動いて交渉してくれている。できる限りのことはやってもらったが、いまだに許可が出ない。

「半年前であれば、伊藤さんが希望する取材は可能でした。食糧事情が好転し、各政府機関から水害対策委員会へ出向していた職員は、元の部署へ戻りつつあります。誰がこの取材に対応するのか決まらない状態なのですよ」

案内員がそう説明してくれる。水害対策委員会は、いまさら外国人ジャーナリストの取材に協力する意味がないと思っているのだろう。

「二〇日の便で帰国したらどうでしょうか」

案内員が控えめな口調で言う。つまり対文協も、私に帰って欲しいのだ。しかしここまでの取材で雑誌の記事は書くことができても、テレビの特集番組にまとめるのには映像素材が不十分である。

「希望する撮影ができるまで帰国しません！」

私はそのように宣言した。

「………」

案内員は苦悩の表情を見せ、黙り込んでしまった。対文協の多くのスタッフが私のために奔走してくれていることには大変感謝しているが、ここで妥協したら絶対に後悔することになる。

私はホテルの部屋に籠った。今回の取材は困難が予想されたため、帰国便を予約せずに来ている。こうなれば持久戦だ。

泊まっている普通江ホテルは、建物は古いものの天井が高くて快適である。窓の外には緑が広がり、その先に主体《チュチェ》思想塔（金日成生誕七〇年を記念し、一九八二年に建てられた主体思想を体現する塔）やビル群が見える。また、このホテルのレストランには和食がある。和食を出す店は平壌駅前の総連食堂など他にもあるが、ここのレストランは値段が高いものの料理のグレードはかなり高い。

せっかくそうしたホテルに泊まっているにもかかわらず、ストレスからか下痢が続いて食事が摂れない。長年にわたって一日も休まず飲んでいる酒を、体がまったく受けつけない。こういう時のために持ってきた粉末のスポーツドリンクを、お湯で溶いて飲む。机の前にある鏡には、疲れ切った顔をした男の顔が映っている。肉体はボロボロだが、気力はそれほど落ちていない。

そうした中で、月刊誌の編集部から原稿を催促するメールが届く。次号にこの取材の記事を掲載することになっており、締め切りがギリギリなのだ。ビデオカメラで撮影したインタビューの、文字起こしもしなければならない。気力を振り絞って原稿を書き上げて何とか送ると、編集部から「良い原稿だ」との連絡がある。苦労した甲斐があった。急に力が湧いてくる。

胃腸の調子は少し良くなったので、酒を飲むことにした。この国の人たちが飲むのは焼酎かビール。ホテルのレストランに、赤ワインが置いてあるのに気づいたので注文してみる。フランス産である。日本円で約一八〇〇円。それほどおいしくないが、すっかり楽しい気分になる。

今日は二二日。案内員は次第に連絡してこなくなっており、今日は午後三時になっても音沙汰なし。案内員は、同じホテルの案内員用の部屋に宿泊している。客に何かあったらすぐに対応できるようにとのことだろうが、私としてはすぐに連絡できるので助かっている。あまりにも何も言ってこないので、その部屋を「急襲」した。ノックすると中から返事があり扉が開く。

「ちょうど話をしたかったところです」

案内員はそう言うが、どうしてよいのか途方に暮れていた時の私の訪問に、「助かった」と思っていることがその表情から伝わる。部屋の中に招き入れられると、テーブルの上に私のパスポートと航空券が置かれていることに気づいた。外国人が朝鮮に滞在する間は、パスポートを案内員に預けることになっている。悪い予感がする。

「水害対策委員会との交渉は、これ以上は不可能です。しかもこれ以上のビザの延長はできません」

突っ込んだインタビューをしたことで、水害対策委員会を怒らせてしまったのかも知れない。もはやこれ以上粘っても、何も進まないだろう。明日の便で帰国することを決断。すったもんだの一七日間の取材となった。

この取材は、テレビの特集と雑誌で発表。すると、それまでの横流し報道は急に減った。そしてＷＦＰからは「活動を正確に報道してもらった」と感謝の言葉があった。

## 半分だけで中止された支援

朝鮮半島の北側は山岳地帯が多くて、農地はかなり限られている。そのため、どんなに豊作であっても食糧は不足する。水害や干ばつが起これば、深刻な食糧不足に陥るのだ。農業生産が向上して状況はずいぶん改善されたものの、ＷＦＰは現在でも約一〇〇〇万人が栄養不良だとする。だがＷＦＰの二〇一七年の報告書によれば、食糧支援の総額は一四三二万ドル（約一六億円）で、二〇一五年のほぼ半分にまで減少し

2004年の日本政府からの食糧支援は半分で終わった

ているという。

日本政府が朝鮮へこれまでに行なった人道支援について知りたいと思い、外務省北東アジア課へ問い合わせた。それによると一九九五年から二〇〇四年までに、米を含む食糧と医薬品の支援は九回にわたって実施されていたことが判明。ところがそれ以降は、まったく行なわれていないのである。しかも私が取材した二〇〇四年の二五万トンの食糧を中心とする人道支援物資は、その半分だけしか送られなかった。その理由とされたのは、日朝関係の悪化である。

日本では、二〇一八年まで続いた減反政策で生産量を抑えなければならないほど米が余っている。にもかかわらず日本政府は、隣国の人たちが食糧不足で苦しんでいても、二〇〇四年からはまったく支援していない。

二〇一四年五月の日朝ストックホルム合意で決まった日本による人道支援は、朝鮮による「日本人調査」の報告内容が拉致被害者の帰国につながると判断されることが条件だった。二〇〇四年の取材の際、WFP平壌事務所のリチャード・ラガン代表は次のように語った。

「人道支援は政治的に中立であることと、決して政治と結びつけないことを原則にする必要があります」

人道支援は何らかの政治的思惑から行なうものではなく、国際社会の一員としての基本的な義務である。この人道支援のことだけでなく日本の朝鮮政策をみると、次第に後退する日本の民主主義の現状が浮かび上がる。

# 第3章　力道山が贈ったベンツから見つけたお宝

## 東京五輪を支持した朝鮮

二〇一三年九月に、アルゼンチンのブエノスアイレスで国際オリンピック委員会(ＩＯＣ)総会が開かれた。この総会で二〇二〇年の夏季オリンピック大会開催地を決める投票などが行なわれた。立候補したのは東京・トルコのイスタンブール・スペインのマドリードの三都市。

この投票において、何と朝鮮は日本へ投票したのである。それだけでなく、朝鮮とつながりの強いアフリカ諸国の三票の取りまとめまでしたという。「国家の威信」をかけて行なわれる近代オリンピック。最悪な日朝関係の中で、朝鮮が日本開催を支持したことは極めて異例なことである。

しかし、これには大きな背景があった。二〇一二年一一月、衆議院議員を三期務めたことのある日本体育大学の松浪健四郎理事長が、柔道やレスリングなどの学生を連れて交流のために訪朝。その際に、朝鮮のＩＯＣ理事へ働きかけをしていたのである。

この時、アントニオ猪木氏も一緒に訪朝。彼は、一九九四年九月から頻繁に訪朝してきた。参議院議員に返り咲いてからの二〇一四年八月には、平壌市内の「柳京《ユギョン》・鄭周永《チョンジュヨン》体育館」で「インターナショナル・プロレスリング・フェスティバルin平壌」を開催した。なお、この鄭周永とは韓国の現代《ヒョンデ》財閥の創業者で、江原道《カンウォンド》の現在は朝鮮側になっている場所で生まれた。そのことで、牛五〇〇頭を寄贈したり金《クム》

平壌市内にある競技会場前のアントニオ猪木氏

剛山《ガンサン》観光事業を始めたりした。

## 「民族的英雄」の力道山

アントニオ猪木氏がプロレスラーになったのは、一九六〇年に力道山によってスカウトされたからだった。彼の朝鮮との強いつながりは、偉大な恩師によるものである。

力道山は、一九二四年一一月一四日に朝鮮半島北側の咸鏡南道洪原郡《ハムギョンナムドホンウォングン》の貧しい家庭で、金信洛《キムシンラク》として生まれた。一九三八年に、「シルム」と呼ばれる朝鮮相撲の試合へ兄とともに参加。そこで日本人にスカウトされ、一九四〇年に力士として日本へ渡った。そして一九四九年には関脇に昇進。だが、翌年には廃業してプロレスラーに転身した。

「朝鮮人は横綱にはなれない」

そう悲観したのが理由だという説もある。その頃の封建的な相撲界では、民族差別があったのだ。

当時の日本は敗戦から時が経っておらず、人々はそのショックから立ち直っていなかった。そうした中で、「空手チョップ」という技で悪役の米国人レスラーを次々と打ち倒す姿は絶大な人気を得たのだ。

力道山の生まれ故郷がある朝鮮は、一九六〇年代の初め頃から彼を評価するようになる。力道山の生涯を描いた『民族の男』という劇映画が一五回にわたってテレビで放送され、そのビデオ作品が書店で販売されてきた。

また平壌市内のみやげ物店では、さまざまな「力道山グッズ」が売られていた。精巧な石像といったものから、何種類もの書籍や切手。変わったところでは「力道山酒」や「力道山ミネラルウォーター」まであった。

「日本で暮らしながらも、民族の尊厳を守った朝鮮人」

朝鮮では力道山を、「民族の英雄」として高く評価しているのだ。

一九七一年三月、この国で最高の名誉である「愛国烈士」の称号が亡き力道山に与えられた。これを受け取ったのは、平壌で暮らす長女の金英淑《キムヨンスク》さんだった。

### 国際親善展覧館での撮影許可

力道山は、子どもの頃にテレビでプロレスの試合を見ていた私にとってもヒーローだった。今も書棚には、彼に関する本が一五冊もある。そうしたことから、朝鮮で力道山に関する取材をしたいと考えて取材申請していた。二〇〇六年に入ってすぐ、力道山に関する一部の取材を認めるとの連絡があった。

朝鮮が力道山を高く評価している理由として、金日成主席へ「敬愛の証」を贈ったことが大きい。そ

妙香山の普賢寺の本殿である「大雄殿」

れを確認するのが、今回の取材目的だ。

妙香山《ミョヒャンサン》は平安北道《ピョンアンプクド》にあり、平壌市から北へ直線距離で約一二〇キロメートル。

「姿が妙を極め、香りが漂う」

そう評されて名づけられただけあり、妙香山は朝鮮では人気の景勝地となっている。高麗《コリョ》時代の一〇四二年に建てられた仏教寺院・普賢寺《ポヒョンサ》には国宝「八万大蔵経」が保管されている。また、いくつもの登山コースがあり、変化に富んだ景色を楽しむことができる。

「簡単に登れますよ」

以前、そのように勧められて撮影機材を持ったまま登り、大変な思いをしたことがある。それは、金剛山へ行った時もそうだった。軟弱な日本人とは「簡単」の基準が違うようだ。

風光明媚なこの場所に、二棟の国際親善展覧館がある。伝統的な建築様式の宮殿のような巨大施設だ。金日成主席と金正日総書記への、世界の国々からの

国際親善展覧館の金日成主席への贈り物展示館

膨大な数の贈り物の一部が国別に展示されている。金日成主席の展示館は六階建てで延べ床面積は二万八〇〇〇平方メートル。一九七八年八月に開館している。展示品は、二棟を合わせると約八万点もあるという。

贈り物をしたのは、世界の国々の政府・元首・政党・友好代表団など。国家元首では、スターリンや毛沢東、ノロドム・シアヌーク、フィデル・カストロ、ホー・チミンなど。日本からは、金丸信氏やアントニオ猪木氏からの物もある。

「そんな物は見たくもない」

そう言う人もいるだろうが、勉強になるだけでなく実に面白いのである。展示品をていねいに見ると、日本を含めた世界各国とこの国との関係史が非常によくわかる。韓国で朝鮮との関係改善に積極的に取り組んだ金大中《キムデジュン》大統領や盧武鉉《ノムヒョン》大統領からの贈り物があるのは当然である。ところが、朴正煕《パクチョンヒ》・全斗《チョンド》煥《ファン》・盧泰愚《ノテウ》といった朝鮮への厳しい政策を行なった大統領からの品々があったりする。表向きは罵っていても、裏ではつながりを保ち続けていたのだ。そこが日本とは違うところだが、どんなことがあっても同じ民族同士だからなのだろう。

国際親善展覧館は国の重要施設であるため、撮影と荷物の持ち込みは厳しく禁止されている。私は日本から撮影交渉をし、目的の物だけしか撮らないという条件で許可を得た。

## ベンツの中の「贈呈目録」

二〇〇六年三月二日、朝早く平壌を出発して妙香山へ向かう。車は途中から谷に沿って走る。車窓から見える山々はうっすらと雪化粧していて美しい。道路が凍結しているためか、日頃は団体参観者が多い国際親善展覧館だが、駐車場は閑散としている。

私が見たいのは、金日成主席の展示館。建物の入り口には、警備の兵士が直立不動で小銃を持って立っている。そこの巨大な扉は四トンもあるというが、手で開けることができる。中へ入ると、照明を落としているのでかなり暗い。しかも電圧が下がっているのか、たくさんの蛍光灯が点滅しているのが気になる。

大きなカメラバッグと三脚を持っているが、荷物検査はない。床を汚さないための靴カバーを付け、チマ・チョゴリ姿の女性案内員の後について奥まで進む。すると、自動車ばかりを並べた細長い展示室に出た。その奥まった場所に、スターリンから贈られた車と並んで力道山からのベンツが置かれていた。一九六二年の、金日成主席生誕五〇年のお祝いとして贈ったものである。

「金日成主席の現地指導で使ってもらいたい」と、自動車を選んだという。当初はロールスロイスを

力道山が金日成主席へ贈ったベンツ

贈るつもりで注文していたが、なかなか届かないため手元にあったベンツになった。力道山は、積出港である新潟までこの車を自ら運転し、朝鮮との間で運行されていた貨客船に載せた。

「金日成元帥万歳」

「平和統一」

ベンツとともに、こう書かれた直筆の書も力道山は贈っている。それがベンツと一緒に展示されていた、という記録がある。そのことを伝えると、職員たちが一生懸命に捜し回ってくれたがどうしても見つからない。

「どこか別の場所へ移されたようです」

力道山が書いた文字を見たかったので、ひどくがっかりした。そうした私を見かねたのか、一人の職員が、それまで手をつけなかったベンツの車内を調べてくれることになった。重要な展示品に触れるのは、簡単にできることではない。

ドアを開けて、入っている可能性があるダッシュ

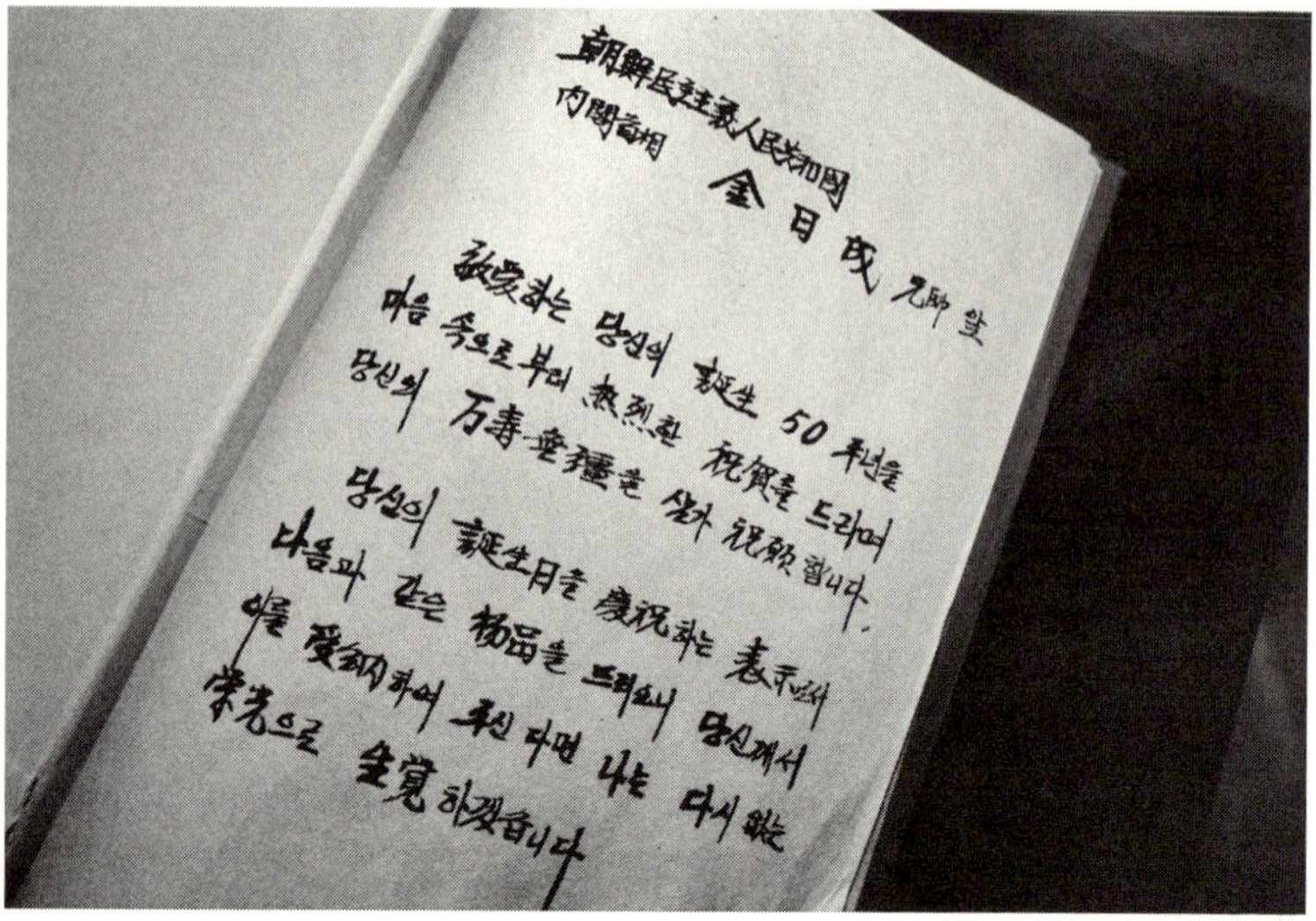


金日成主席生誕 50 年を祝う言葉が記された「贈呈目録」

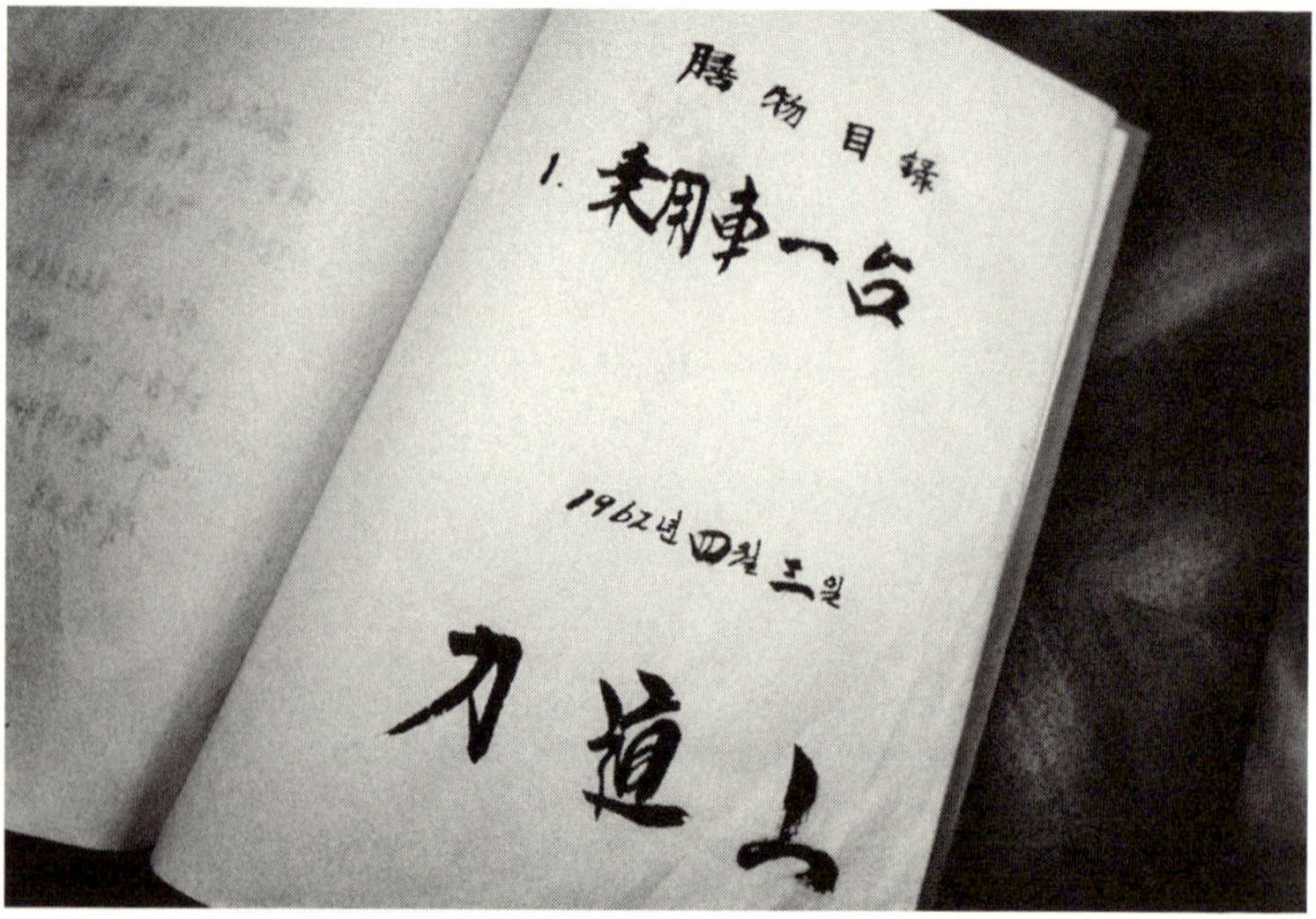


「贈呈目録」の直筆と思われる力道山の署名

ボードの中を調べる。するとそこで、薄い本のような物を見つけたのである。「乗用車一台　一九六二年四月三日」と記載されている。これは、ベンツを贈った時の「贈呈目録」に違いない。「力道山」と毛筆で大きな署名が入っている。直筆なのは確かだ。今まで公開どころかまったく知られていない「お宝」を、偶然に発見したのである。車体を撮影できたことだけで満足しなくて良かった。

## 破格の待遇を受けた力道山の娘

この力道山に関する取材では、長女の金英淑さんへのインタビューも申請していた。力道山の母親は、息子が力士になるために日本へ行くのを止めようと結婚させていたのである。一九四二年に大相撲の朝鮮巡業が行なわれ、里帰りした時にできた子どもが金さんだという。

その金英淑さんが結婚した相手は、重量挙げ選手出身の朴明哲《パクミョンチョル》さん。彼は、国家体育指導委員会委員長（体育相）や朝鮮オリンピック委員会委員長になった。二人の四女のパク・ヘジョンさんは、二〇〇二年九月の釜山アジア競技大会で朝鮮の女子重量挙げの監督として参加している。

それればかりか、朴明哲さんの妹の朴明善《パクミョンソン》さんは、一九九〇年代から内閣対外奉仕局局長を務めてから副首相になり、その下の妹は朝鮮労働党軽工業部の副部長に就いた。こうした金英淑さん一族への破格の待遇は、朝鮮がいかに力道山を高く評価しているかを示すものだろう。

「家族の事情で今は応じられません」

残念なことに、私の金英淑さんへのインタビュー申請は断られてしまった。

## 国家間での「英雄」の奪い合い

日本で「国民的英雄」としてあまりにも高くまつり上げられたプロレスラー・力道山は、自分が朝鮮人であることを明らかにできなかった。だが韓国からの強力な訪問要請に応じ、一九六三年一月にソウルへ行って政府高官と会っている。翌年の東京オリンピックでの南北統一チームの参加を実現させ、その後に朝鮮へ帰国することを考えていたようなのだ。

ところが、一九六三年一二月八日に事件は起きた。力道山が、キャバレーで暴力団員に腹部をナイフで刺され、二度の手術を受けたものの一五日に死亡してしまったのである。わずか三九歳だった。

この事件について、国際親善展覧館の案内員は次のように語る。

「力道山はこのベンツを贈った後、帰国する決心を固めていました。右翼勢力はその意思を変えさせようと策動しましたが、失敗したので襲ったんです」

日本・朝鮮・韓国という国家間で、この「英雄」を奪い合っていたという事実がある。だが、そのことと事件との関係は謎のままだ。力道山が健在であれば、日朝関係改善に尽力してくれただろう。

力道山が亡くなってから半世紀以上が過ぎた。厳しい日朝関係の中で日本体育大学は、二〇二〇年の夏季オリンピック大会に韓国との合同選手団として参加予定の朝鮮選手団の事前合宿を受け入れるという。力道山の祖国・朝鮮への思いは、アントニオ猪木氏や松浪健四郎氏などのスポーツ関係者によって受け継がれている。

# 第 II 部

# 消される歴史の〈爪痕〉

平壌市の鉄道省革命事跡館に展示された保存状態の良い金剛山電気鉄道の車両

# 第4章　「靖国」から返還された文化財

## 異様な姿をした石碑

私が、東京の九段にある靖国神社を初めて訪れたのは一九八〇年頃。そこに、どうしても見たいものがあったからだ。それは、この神社の象徴となっている白いハトが飼われている小屋の近くにあると聞いていた。一九七八年に韓国人歴史学者・崔書勉《チェソミョン》氏によって「発見」された時、それはハトの糞で白く汚れていたという。

靖国神社の境内には、軍事博物館の遊就館がある。その近くの薄暗い林の中にハト小屋を見つけた。参拝者が入ることなどない場所だ。目的のものは、そのすぐ横にひっそりと建てられていた。小さな屋根がつけられた石碑である。

「北関大捷碑《ほっかんたいしょうひ》」

碑の上部に漢字でそのように横書きで大きく記され、その下に小さな文字が縦書きでびっしりと刻まれている。一四四一文字あるという。石碑の本体部分は、縦一八七センチメートル・横六六・五センチメートル、厚さは一三センチメートル。そして重さは四八〇キログラム。

この石碑はキノコのような異様な姿をしている。それほど厚くない石碑本体の上に、極端に大きな自然石が載っているからだ。その石は約一トンだという。そのため、石碑本体を壊さないよう、四本の柱

靖国神社に置かれていた時の北関大捷碑

で支えられている。

「朝鮮の英霊たちの〝気〟を押さえつけるためのもの」

朝鮮と韓国ではそのように、石碑のこうした姿を批判してきた。この石碑は、朝鮮半島から持ってきたものなのだ。

## 「戦利品」として日本へ運ぶ

北関大捷碑を説明するには、四〇〇年以上も歴史を遡る必要がある。豊臣秀吉は一五九二年から一五九八年まで二回にわたり、約一五万人の兵を送り込んで朝鮮を侵略。これを日本では「文禄・慶長の役」と呼んでおり、朝鮮では「壬辰《イムジン》祖国戦争」、韓国では「壬辰倭乱《イムジンウェラン》・丁酉再乱《チョンユチェラン》」としている。

釜山《プサン》から上陸した秀吉軍は二手に分かれ、小西行《ゆき》長《なが》が率いる軍は西方へ向かう。もう一方の加藤清正が率いる二番隊の二万二八〇〇人は、朝鮮の正規軍と次々と戦いながら朝鮮半島北端まで攻め込んだ。

しかしそれに対し、下級官吏の鄭文孚《チョンムンブ》らが七〇〇〇人以上の民衆による義勇軍を組織。そして、咸鏡道《ハムギョンド》の魔天嶺《マチョンリョン》より北側の「北関」と呼ばれる地方から放逐したのだ。

それから一〇〇年以上過ぎた一七〇八年になり、その勝利を記念して北関大《ブクカンデ》捷碑《チョッピ》が建立された。「大捷」は「大勝」という意味である。その場所は、現在の咸鏡北道金策市臨溟里《ハムギョンブクドキムチェクシリムミョンリ》。碑文には、義勇軍が組織されて清正軍と戦うまでの経緯と、碑建立の理由が記されている。

そのような石碑が、靖国神社になぜ置かれることになったのだろうか。碑の建立から二〇〇年後の日露戦争の時のこと。日本と帝政ロシアが、朝鮮半島と中国東北地方(「満州」)での利権をめぐってそれらの地域で戦った。

一九〇五年、この戦争で朝鮮半島北部に駐留した北韓進駐軍第二師団傘下の第一七旅団長・池田正介少将が、臨溟駅でこの石碑を見つけた。それを第二師団長の三好成行中将が、帰国する際に「戦利品」として持ち出したとされてきた。だが別の見方をする人もいる。

「この石碑を朝鮮から東京に運ばせた三好中将の意図は、清正退治の記念として建てられた碑文が、日本国の朝鮮支配に不都合な障害になるとして、それを撤去することにあった」(柿沼洸心『普渡収圓　北関大捷碑を祖国へ』)

日本が朝鮮支配を始めるにあたり、そうした判断もあったようだ。秀吉の侵略に限らず倭《わ》寇《こう》(日本人などによる海賊)などでの同じような戦勝記念碑は、朝鮮半島各地に建てられていた。

「石碑抹殺の手はじめに、全羅北道南原郡雲峰面花水里の『荒山大捷碑』が槍玉にあがった。(中略)一五七七年の建立以来、四〇〇年近く民族守護の象徴として永らえてきた碑は、ダイナマイトで爆破され、あとかたもなく粉砕されてしまった。（中略）慶尚南道陜川郡の海印寺にあった泗溟大師の『石蔵碑』と、江原道高城郡巨津面の乾鳳寺にあるもうひとつの泗溟大師『紀蹟碑』も同じ運命をたどった」（李亀烈著、南永昌訳『失われた朝鮮文化――日本侵略下の韓国文化財秘話』新装版、新泉社、二〇〇六年）。

また、全羅南道《チョンラナムド》にあった「鳴梁大捷碑」など三つの碑は、朝鮮総督府の指示で持ち去られたという。北関大捷碑の受難は特別なことではなかったのである。

この石碑は船に積み込まれて玄界灘を渡り、広島を経て東京へ運ばれる。皇居内には、明治天皇に献上された戦利品を陳列する「振天府」があった。日清戦争の戦利品や日本が植民地支配していた台湾の文化財も数多く運ばれていた。今も皇居の中には、日露戦争の戦利品として現在の中国遼寧省旅順市から運ばれた「鴻臚《こうろ》井碑《せいひ》」が置かれている。北関大捷碑も振天府へ運ばれたようだが、展示された記録は見つかっていない。

一九四五年の敗戦までの靖国神社は陸軍省と海軍省の共同管轄下にあり、日露戦争以降はその境内で戦勝博覧会が何度も開かれた。そうした経緯から、北関大捷碑は靖国神社内の遊就館に寄贈された。

靖国神社の南部利昭宮司は次のように語る。

「陸軍が両国の親睦を永遠に保つ上で重要で、研究調査のためにと了解を得て持ってきたと伝えられている」

ところが日本の敗戦によって、北関大捷碑は靖国神社にとって邪魔な存在となった。貴重な文化財であるため、勝手に処分することもできなかった。崔書勉氏が北関大捷碑を捜し出した時のようすについて記している。

「社務所を訪ね、碑石の発見を告げると、若い神主さんが確認のため逆に私に案内をたのんだ。碑石の前に立った神主さんも、びっくりしたようであった」(『韓』一九七八年三月一日号)

藪の中の人目につかない場所へ隠すように置かれた北関大捷碑は、長い時が流れる中で人々の記憶から消え、神社からも忘れ去られていたのである。

## 米財界人が朝鮮と橋渡し

北関大捷碑は朝鮮民族にとって、この上もない宝物である。

「万景峰号で運びたい」

この石碑の存在が明らかになると、朝鮮政府は朝鮮総連を通して返還を要求。また、石碑が建っていたのは朝鮮半島北側であるにもかかわらず、韓国政府も引き渡しを求めた。

「碑は靖国神社の所有物であり、政府の関与は難しい」

こうした理由で、日本政府は返還のために動こうとはしなかった。

「軍国主義亡霊を賛美し侵略戦争肯定の場」

朝鮮は、靖国神社をこのように厳しく批判してきた。その神社が管理する北関大捷碑の朝鮮への返還など、日朝国交正常化が実現しなければあり得ないと私は思っていた。ところが水面下で日本人僧侶が、返還に向けて奮闘していたのである。

私はすぐに、その柿沼洗心さん(一九三二年生まれ)に会いに行った。東京の浅草寺に近い建物の二階に宗教施設がある。

「よその国が穏やかにならなかったら、日本の国も安泰じゃありません。隣と仲が悪いというのは一番気分が悪いじゃないですか。過去の因縁を、お互いに汗を流し涙を流しながら慰霊供養することによって心が通じ合う、というのが私の考えです」

と語る柿沼さんは、豊臣秀吉の朝鮮侵略に関わるいくつもの課題に取り組んできた。最初に行なったのは、京都市東山区にある「耳塚」での一九九〇年の法要だった。秀吉の命令で朝鮮へ侵攻した加藤清正や小西行長らの軍は朝鮮人約一二万六〇〇〇人を殺し、切り取った耳と鼻を塩漬けにして日本へ持ち帰った。それを埋めた「耳塚」で、死者の魂を朝鮮に帰すための日韓合同での慰霊法要を行なったのである。そうした日本と朝鮮半島との古い傷を癒すための活動をしている中で、一九九五年に北関大捷碑と出会った。

次に柿沼さんから聞かされた話に、私は飛び上がらんばかりに驚いた。柿沼さんは朝鮮との返還交渉の仲介を、米国にある世界貿易センター連合のトゾリ総裁へ依頼したというのだ。

「総裁には、世界貿易センタービルを平壌にも建設する計画があり、北朝鮮とのつながりを持っていたからです」

朝鮮を経済面から開放させようとしてきた米国政府。その国家戦略に沿い、米財界が動いていたのである。にわかには信じがたいという顔をした私に、柿沼さんはトゾリ総裁からの文書を見せてくれた。

柿沼さんは、北関大捷碑を日本から朝鮮へ直接に返還するのは困難であるとの判断から、韓国を経由する計画を立てた。朝鮮の朝鮮仏教徒連盟との連絡と交渉は、韓国の仏教者が間に入った。

「南北での調整が取れて、韓国政府より外交ルートで日本政府に正式な依頼があれば速やかに返還する用意がある」

靖国神社はこのような見解を示した。しかし日本での碑返還への反応は芳しくなかった。当時の日韓議員連盟会長だった竹下登氏に大いに期待したが、あまり関心を持たれなかった。「日本政府と一〇〇年間話しても、らちが明かない」と判断した柿沼さんは、韓国で大物政治家と国会議員に片っ端から会った。この時期は、韓国と朝鮮との関係改善が進んでいたからだ。

韓国の金大中大統領は、朝鮮との融和のために「太陽政策」を推進。二〇〇〇年六月に訪朝した際、金正日総書記に北関大捷碑の拓本を贈呈した。実はそれは、柿沼さんが金大中大統領に託した物だった。二〇〇三年二月に就任した盧武鉉大統領もその政策を継承。そのため、南北の仏教者は盛んに交流をしていた。

そうした状況の中で、日本・朝鮮・韓国の仏教者がそれぞれの国の政府へ積極的な働きかけを行なった。その結果、二〇〇五年五月にジャカルタで開催されたアジア・アフリカ首脳会議の場で、南北首脳が返還方法と設置場所について協議。翌月のソウルでの南北閣僚級会談で、共同して返還に取り組むことに合意した。

それに基づき、韓国政府は日本政府に返還を正式に申し入れた。ついに民間での運動が、三カ国の政府を動かしたのである。

「北関大捷碑返還は、間違いなく歴史に残る重要な出来事になるだろう」

私はそう確信し、徹底的な取材をすることにした。柿沼さんを頻繁に訪ね、靖国神社と取材交渉を重ねた。

靖国神社での韓国への「北関大捷碑引き渡し式」

## 靖国神社で朝鮮式の返還式典

二〇〇五年一〇月一二日、靖国神社において「北関大捷碑引き渡し式」が行なわれた。神社は「返還」という言葉を嫌い、「引き渡し」という呼び方に強くこだわった。式典では、靖国神社・韓国政府・日本外務省が引き渡しの合意書に署名。靖国神社の南部利昭宮司が挨拶をした。

「碑の引き渡しが国家間、あるいは歴史認識の相違に利用されることなく、あくまでも両国間の友好親善に寄与することを願ってやみません」

この「両国」とは日本と韓国のことである。神社が「引き渡し」をする相手は、朝鮮ではなく韓国ということなのだ。

靖国神社はこの返還について、式典前に報道されることを望まなかった。石碑を本殿の近くへ移し、返還の半年ほど前からは撮影も認めなくなった。私に式典の連絡をしてきたのは、前日の午後だった。

修復後の北関大捷碑の上部

日本国内で返還に反対する人たちを、刺激しないようにしたのだ。

一五日には石碑の前で「告由祭」が行なわれた。これは、重要なことを行なう理由を神に報告するための儀式。私は久しぶりに石碑と対面することができた。朝鮮だけでなく韓国や中国なども、A級戦犯を合祀していることを理由に、靖国神社への首相や閣僚による公式参拝を厳しく批判してきた。その神社の本殿のすぐ横で、朝鮮の民族衣装に身を包んだ韓国人たちが伝統的な儀式を行なっている。私には、それは実に不思議な光景に見えた。

それが終わると、石碑はすぐに解体された。石碑本体の上に載っていた自然石は、トラックに積まれなかった。石碑は、靖国神社から夜の東京の街へと消えて行った。

この後、石碑は大韓航空機に載せられ、韓国・仁川《インチョン》空港へ到着。儀杖兵が出迎えたという。その場所で、政府関係者が出席して「安着儀式」が行な

「北関大捷碑歓迎式典」が景福宮で盛大に行なわれた

われる。そして文化財庁の手による修復作業を受け、本来の姿に戻った。上に載せられていた自然石に替わり、伝統的な形の笠石が付けられた。

その年の一〇月二八日、ソウル市龍山《ヨンサン》の米軍基地跡に新築されていた国立中央博物館が開館。北関大捷碑は、その目玉として大々的に公開された。この石碑の返還は、朝鮮だけでなく韓国にとっても国家的な重大事なのである。

私は、北関大捷碑が元の場所へ戻るまで追いかけることにした。だがこの後の取材では、大きなトラブルが次々と待ち構えていた。

### ソウルでの盛大な歓迎式典

次に北関大捷碑は、朝鮮王朝の王宮だった景福宮《キョンボククン》へ移される。そして一一月一七日に、「北関大捷碑を迎える国中大会」という歓迎式典が盛大に開催されることになった。この日は、日本が大韓帝国の外交権を奪った乙巳《ウルサ》条約締結から、ちょうど一〇〇年目にあたる。

広大な王宮の庭の一角に、式典会場が設けられている。柿沼さんら、日本の関係者も招待された。李《イ》海瓚《ヘチャン》首相の到着で式典は始まる。

ハスの花の巨大な模型が開き、北関大捷碑が中から現れると盛大な拍手が起きた。最大の見せ場である。

美しい伝統衣装の女性たちが舞い、華やかな雰囲気の中で式典は進む。李首相は、次のような祝辞を述べた。

「北関大捷碑には、外敵の侵入で朝鮮半島の北まで蹂躙された悲しい記憶が残されています。同時に加藤清正の軍隊を義兵が追い返した栄光の記録でもあります。そんな歴史を持つ碑を、解放六〇年を迎えて官民と南北が協力して取り戻したのです」

式典には、日本軍が運び出すまで碑が建っていた咸鏡北道の出身者が多数参加している。朝鮮戦争の際に、韓国へ移って来た人たちだ。式典後、石碑を背景に盛んに写真を撮っていた。

私は、韓国政府統一部に、北関大捷碑返還に関するインタビューを申し込んだ。返還を担当した林《イム》丙哲《ビョンチョル》さんは、次のように語った。

「碑の返還を決定して下さった靖国神社と日本の外務省に感謝しています。長期的にみると、返還は北韓(朝鮮)と日本の関係に肯定的な役割を果たすのではないでしょうか」

歓迎式典では「略奪された石碑を日本から取り返した」というトーンだったが、担当者からは日本への感謝の言葉が率直に述べられた。

## 大雪で立ち往生した飛行機

「一年間くらいは国内で展示したい」

韓国政府は、この「民族の宝」を韓国各地で展示することを希望した。だが、朝鮮は早期の引き渡しを求める。結局、二〇〇六年三月一日の「三・一独立運動記念日」に、引き渡し式典を行なうことが決まった。韓国での展示のために、二組の石碑の複製が製作されることになった。

北関大捷碑は軍事境界線を陸路で越え、朝鮮にある開城《ケソン》工業団地内の式典会場へ運ばれるという。私は統一部と交渉し、その式典を取材する韓国取材団に加えてもらうことになった。それが近くなった二月二一日に、統一部へ確認の電話をした。

「式典会場が開城工業団地から、開城市内の高麗《コリョ》博物館へ変更されました」

この博物館は、高麗末期から朝鮮王朝時代までの最高教育機関だった「高麗成均館《コリョソンギュングァン》」である。工業団地は造成地なので殺風景であるため、古都のたたずまいを残す場所へと会場を変えたのだろう。それは良いことだ。ところが……。

「外国人記者は同行できなくなりました」

経済特別区である開城工業団地へは外国人は韓国から入るのは可能だが、開城市内までは入れないという。ぼやいていても仕方がない。急遽、中国を経由して空路で平壌から入国し、開城へ行くことにした。一番の問題は、朝鮮ビザの発給が間に合うかどうかである。航空便で平壌へ行くとなると、日本出国はわずか四日後に迫っている。通常の取材でのビザは、一カ月以上前に申請しているのだ。

異例の申請が受け付けられるように、関係者らへ電話で強く要請。次に航空券を手配した。二月二五日に、関西空港から全日空で中国の瀋陽へ行き、一時間半後に出る高麗航空の平壌便へ乗り継ぐことにした。

そして当日。瀋陽の朝鮮領事館でビザが出ていることを確認し、関西空港を出発。この瀋陽行きは、大連で一度着陸する。そこまでが国際線で、ここから瀋陽までは国内線として飛ぶようになっている。大連空港で機外へ出てターミナルビルで入国手続きをする。ところが搭乗口の前で待っていても、いつまでも搭乗案内がないのだ。

「瀋陽空港が大雪で閉鎖されている」という話が伝わってきた。何ということだ。この大連でもかなり激しく雪が降ってきて、滑走路を除雪車が動き回っているのが見える。結局、運行は大連で打ち切りになってしまった。

「乗客は列車で瀋陽まで連れて行く」との、航空会社のアナウンスがある。だがそれでは、瀋陽から平壌への今日の乗り継ぎ便には間に合わない。私は日本の旅行代理店などへ次々と電話。

それでわかったのは、瀋陽からの次の平壌便は三月一日までないということ。それに乗っても式典には間に合わないのだ。瀋陽空港で八時間も待たされた挙句、私は関西空港へ引き返す便に乗らざるを得なかった。とんだ中国への日帰り旅行になった。関西空港へ着いたのが遅かったため、その近くのホテルに泊まる。

自宅へ戻ったのは二六日の午前一〇時頃。平壌の対文協へ行けなくなった旨をメールだけでなくファクスでも送る。すると、すぐに電話がかかってきたのである。よほどのことがない限り、対文協が電話してくることはない。しかも声に力が入っている。

「二八日に飛ぶ北京からの平壌便で来たらどうでしょうか。ビザのことは何とかしてみます」

その場で決断し返事をした。

「何としてでも、間に合うように開城へ行きます！」

もうこうなったら意地である。

旅行代理店へ次々と電話したが、「今からでは航空券の手配は不可能」とどこからも断られる。そのため自分で、北京往復の正規航空券を手配し、北京の旅行代理店に電話をして平壌便の座席確保を依頼。二〇万円近くの余分な出費になるが、費用のことは考えないことにした。

平壌便に空席がなくて乗れない可能性もあるが、もっと心配なのはビザのことである。ビザは二重に発給されないため、瀋陽の朝鮮領事館ですでに出ている私のビザを北京まで運ぶ必要がある。どちらか一つでもうまくいかなければ、北京から戻らざるを得ない。

## 「間に合ったのは奇跡です」

二八日の平壌便に乗るには、前日に北京へ入る必要がある。そのため、二七日午前六時に自宅を出て北京へ向かう。ストレスと睡眠不足で不整脈が出ている。

北京へ着きホテルで待っていると、夕方になって平壌便のチケットとともにビザが届いた。ビザには瀋陽で発給されたことが記されている。ビザの受け取り場所を、瀋陽から北京へ変更することを対文協に伝えたのは昨日の午前中。にもかかわらず、その翌日の夕方に北京へ届いたのだ。大雪の中を、どの

雪景色が美しい開城民俗旅館の朝

ような方法で運んだのだろうか。このことを後に、対文協の日本局長に聞いてみた。

「日曜日なのに、担当者だけでなく私や副局長まで事務所へ出て急な変更に対応したんです」

二八日午後四時半、平壌の順安《スンアン》国際空港へ到着。出迎えの対文協の案内員は興奮して語った。

「式典に間に合うように来ることができたのは奇跡です！」

私もまったく同感である。

この日は開城まで行って泊まることになった。雪が舞う中を、すっかり暗くなった高速道路を車はかなりの速度で走る。自宅で北京経由での訪朝を決めてからわずか二日後に、朝鮮の地方都市にいる。そのことを思うと、不思議な気分に陥った。

宿泊するのは開城民俗旅館。ここには朝鮮王朝時代の伝統的な平屋の住居がたくさん残っており、それをそのまま旅館にしている。そのため部屋の暖房は、昔ながらに薪を燃やした熱で床を暖めるオンドルだけ。しかも当然ながら窓はガラスではなく障子紙一枚で、隙間風も入ってくる。気温は室内でも屋外と変わらず、凍えるような寒さだ。

「これでは絶対に眠れない」

そう思ったが、すでに床に敷いてある布団の中はかろうじて暖かい。ウィスキーをあおり、持ってきたありったけの服を着込んでその中へ潜り込んだ。体は温まらないものの、あまりにも疲れていたのですぐに寝入った。

翌朝、窓の外を見ると真っ白。風情のある家屋に雪が積もっていて、白と黒の世界は水墨画のようで実に美しい。

トラックに積まれて韓国から運ばれる北関大捷碑は、まず開城工業団地へ入る。そしてここを通り抜けて、引き渡し式典会場の高麗博物館へ運ばれる。私は、そのトラックが軍事境界線を越えて韓国からやって来るようすをどうしても撮影したかった。その許可が出ていることを、平壌に着いてから知った。あわただしく朝食を済ませ、開城工業団地へ車で向かう。ところがそこでは、国際的な大ニュースになったかも知れないほどの事件が待ち構えていた。

## 間違って軍事境界線へ

開城の街を抜けるとすぐに、長く続くフェンスが見えてきた。そこに開城工業団地へ入る朝鮮側のゲートがあった。通勤の労働者たちが、自転車やバイクで中へ入って行く。銃を持った兵士が、私のパスポートをチェックする。かなり時間がかかる。

開城工業団地など朝鮮の経済特別区は、韓国・中国・ロシアとの国境沿いに設けられている。外国人は基本的に、それらの国から入域するようになっている。平壌から入国して開城工業団地へ入る外国人はほとんどいないのだろう。

「許可を取るのはかなり大変でした」

対文協の案内員がそう言う。大雪で自宅まで戻った私に訪朝を促したのは、関係機関からこの許可が出されていたことが大きいようだ。

「開城工業団地の中へ入るのは初めてです」

対文協のベテラン案内員がそう言う。平壌の運転手も、この中を走ったことはないという。この工業団地は六五・七平方キロメートルもあり、造成中の土地が広がっている。すでに建設されている工場は、近代的なデザインのものばかりだ。

道路の舗装が良いので、運転手はかなりの速度を出している。いくつもの工場の横を通り過ぎると、道路だけを挟む形で両側に高いフェンスが続くようになった。すると、道路の上をまたぐ大きくて真新しい建物が現れた。そこにはかなり広いスペースがあり、何台かの車が止まっている。運転手は、減速することもなくそこを走り抜けた。

さらに先へ進むが、集合場所に指定されている出入境管理事務所へなかなか着かない。さすがに少し不安になって来た。すると行く手を、大きなゲートが立ちはだかった。その前に立っている銃を持つ兵士に車は止められた。車内には一瞬にして緊張感が漂う。

「どうも、ようすがおかしい」

私は先ほどからそう思っていた。案内員が車から飛び出して、ゲート横の詰所へ行く。そこで重大なことが判明した。

「ここは朝鮮側から入ることのできる最終地点で、特別な許可がある人しか立ち入ってはいけない」

出入境管理事務所は、先ほど通過してきた大きな建物だったのである。非武装地帯は、軍事境界線の南北それぞれ二キロメートルずつある。車は、朝鮮側の非武装地帯を走り抜け、軍事境界線まで来てしまっていたのだ。ゲートの向こうは〝韓国〟である。

ここを通って、韓国から通勤している人たちがいる。もし、許可された車の出入りのためにゲートが開いていたら、韓国側へ入ってしまうところだった。そうなれば、世界中に記事が配信される大事件になったのは確かである。見出しはこんな感じだろうか。

「日本人ジャーナリスト、朝鮮から韓国へ軍事境界線を間違えて越境」

すぐに飛んで来た何台かの軍用車から、将校たちが降りてきた。私は、事の重大性からして、厄介なことになるのを覚悟した。厳しい取り調べを受けることになるかも知れない。ところが何事もなかったかのように、軍用車に先導されて私を乗せた車は今来た道を戻り始めたのである。何のお咎めもないのだ。おそらく警備責任を問われないように、事件化することを避けたのだろう。

出入境管理事務所へ戻ると、朝鮮メディアが待機していた。私を含めた全員が集められ、撮影についての注意事項が伝えられた。

「兵士を決して撮ってはいけない。撮影のためにこの位置から移動することと、トラックが来る方向以外にカメラを向けるのも禁止！」

石碑を載せたトラックが軍事境界線を越えて来た

この工業団地の入り口から軍事境界線まで、すでにしっかりと撮影してしまっている。

「今さら言われても遅い」と思ったものの黙って聞いていた。そこにいた関係者が話しかけてきた。

「ここでの撮影は厳しく禁止されていて、車の中から撮影をした韓国人が何度もフィルムを没収されているんです」

何も知らないというのは恐ろしいことだ。

しばらくすると、韓国から美術品運搬のトラックがやって来た。その前面と側面には北関大捷碑と漢字で書かれている。約一六〇人の関係者と報道陣を乗せた数台のバスがそれに続く。本来なら、私もそのバスでここへ来るはずだった。

待機していたカーキ色の制服を着たたくさんの人が、バスに向かって一斉に動き出す。韓国からの人たちは、入境手続きをするためにバスから降りて来た。韓国メディアは撮影を禁止されているので、朝鮮メディアとは撮影機材や服装が明らかに違う私が

「引き渡し引き受け式典」での朝鮮と韓国の関係者

撮影しているのを訝しげに見ている。

ちなみに、この取材に来た日本人ジャーナリストは私だけである。日本のマスメディア二社が取材申請をしたものの、どちらも断わられたという。

## 「南北和解のシンボル」

「引き渡し引き受け式典」の会場となった開城市内の高麗博物館へ急いで移動する。ここには樹齢一〇〇〇年を超えるケヤキやイチョウの巨木が立ち並び、古い建築物が一八棟もある。二〇一三年に「開城の歴史的建造物群と遺跡群」の一つとして、ユネスコ(国連教育科学文化機関)の世界文化遺産に登録された。そうした重厚な雰囲気の中庭に、韓国から運ばれたと思われるたくさんの椅子が並べられている。プラスチックの安っぽくて真っ白な椅子が、あまりにも場違いだ。

雪が舞う中で式典が始まる。南北の関係者とも北関大捷碑を「南北和解・協力のシンボル」とし、

「北関大捷碑返還でのさらなる南北の友好」を謳い上げた。

朝鮮の「北関大捷碑取戻し対策委員会」の金錫煥《キムソクファン》委員長は、さらに踏み込んだ発言をした。

「北南共同の努力で碑を取り戻したことを契機に、日本が奪ったわが民族の貴重な文化財をすべて取り戻すための活動を、今後も力を合わせて広げていくべきです」

開城での式典の翌日、北関大捷碑は国宝第一九三号に登録された。私は平壌で「北関大捷碑取戻し対策委員会」常任副委員長で「朝鮮仏教徒連盟中央委員会」の沈相鎮《シムサンジン》副委員長から話を聞いた。

「北関大捷碑の返還は、文化財を復元させるという意義と共に、北南の仏教徒間の連帯と、日本の仏教徒との相互和解を実現させる重要な契機です。朝日間には国交がなく、敵対的関係にあります。石碑の返還はそれをいち早く解決し、朝鮮半島だけでなくアジアの平和の達成にも寄与する大きな契機になるとして取り組んできました」

北関大捷碑はこの後、かつて建っていた咸鏡北道金策市へ約一〇〇年ぶりに戻った。そして三月二三日には関係者と住民が参加し盛大な「復元式」が開催されたが、私はその時まで滞在できなかった。そのため、元の場所へ戻った碑を見るため、三年後にそこへ行くことにした。

二〇〇九年一〇月、平壌から列車で清津市《チョンジンシ》へ行き、そこから車で南へ戻って金策市へ。小高い山が続き、その中の幹線道路を走っていると、道沿いに伝統的なデザインの立派な建築物が見えてきた。ようやく北関大捷碑にたどり着いたのだ。そのお堂の中をのぞくと、見慣れた石碑があった。靖国神社の藪の中に隠すように置かれていた時と、あまりにも異なる立派な姿だ。

この史跡の女性案内員は、日本人や韓国人はここへ来たことがないという。中国人団体客が通りすが

金策市の北関大捷碑が収められたお堂

りに寄ることがあるそうで、駐車場が整備されている。

北関大捷碑をめぐる歴史は、朝鮮半島での覇権を求め続けてきた近代日本の歴史でもある。最悪の日朝関係の中で、靖国神社にあった石碑が朝鮮へ返還されたことは歴史的な大事件だ。

北関大捷碑の返還は、日本・朝鮮・韓国の仏教者の連携で実現。また、それが成功する好条件もあった。靖国神社から朝鮮への返還は、韓国経由という形でなければ実現しなかったが、返還交渉が行なわれたのは南北関係が最良の時期だった。また、日本の朝鮮に対する独自制裁は今ほど厳しくはなかった。

そして北関大捷碑は、靖国神社にとって「処分」したい存在だったことも大きい。戦前・戦中においては「戦利品」としての価値があったものの、敗戦後の日本には「豊臣秀吉を破った」という碑は邪魔物となった。そのため靖国神社は、金銭的な要求もせず無条件での返還に応じた。

私の北関大捷碑取材は、ようやくこれで完結。私はジャーナリストとして、胸を躍らせながらこの取材に取り組むことができた。とんでもないトラブルがいくつもあったが、達成感は大きかった。

## 日本にある朝鮮文化財

日本は植民地支配下の朝鮮半島から、貴重な文化財や美術品を持ち出した。高麗青磁・李朝白磁、仏画、書籍、石像・石碑、墳墓の発掘品など膨大な数の朝鮮文化財が今も日本にある。そうした物は、日本各地の博物館・美術館・資料館や民芸館、そして個人のコレクションとして収蔵されており、公開されていないものが多い。

東京国立博物館の正門から敷地へ入ると、芝生の上に二つの石像が並ぶ。一八～一九世紀に作られた文官像で、平壌に建てられていたものだという。この構内にある東洋館には、大邱《テグ》電気を創立した小倉武之助が収集した朝鮮美術一一一〇点の「小倉コレクション」がある。

また石塔では、根津美術館の八角円堂形浮屠、大蔵集古館の栗里寺《ユルリ》址八角五層石塔や利川《イチョン》五層石塔といった物が知られている。世界で確認されている高麗仏画は約一六〇点。そのうち韓国には一三点しかないが、日本にはもっとも多い約一三〇点があるという。陶磁器では、「安宅コレクション」を展示するために建てられた大阪市立東洋陶磁美術館の所蔵品が世界的にも評価が高い。質と量において最上級の物があるのは、東京の根津美術館と東京国立博物館である。

韓国の文化財庁によれば、日本・米国・英国・フランスなど世界二〇カ国に計七万四四三四点の朝鮮文化財があり、日本にはその四六パーセントにあたる三万四三三一点があるという。しかもこの数字に

大倉集古館の庭に建つ栗里寺址八角五層石塔

は、個人が所蔵する物は含まれていない。

戦争や植民地支配で、他国の文化財を略奪することは世界中で行なわれてきた。略奪や暴力を背景にしての「贈与」ではなく、正当な取り引きで購入したものであれば何の問題もない。だが朝鮮から日本へ運ばれた文化財には、日本による朝鮮支配のために設けられた朝鮮総督府でさえ怒るようなひどい略奪によるものもあった。

ソウル市の「国立中央博物館」を訪ね、崔善柱《チェソンジュ》・学芸研究官に館内を案内してもらった。その中央の吹き抜けには、高さ一三メートルの敬天寺《キョンチョンサ》十層石塔がそびえ立っている。

「この塔は高麗時代に王が造りました。その時代の北朝建築の様式が見られる貴重な文化財です。ところが植民地時代に、田中光顕・宮内大臣が奪って無理矢理に日本へ持って行ったのです」

東京の自宅へこの石塔を運び込んだ田中に対し、寺内正毅・初代朝鮮総督は返還を要請。田中はそれに応じようとしなかった。だが一九一六年に寺内が内閣総理大臣に就任したため、返還せざるを得なくなったのである。

「寺内は、石塔搬出の主犯が政府高官の田中であっただけに、今後の朝鮮統治に悪影響をあたえることを懸念し、文化的善政の政治的ジェスチャーを演じたかったのだろう。また、総督の絶大な権勢を誇示する自己顕示の動機もあったと考えられる」(前掲『失われた朝鮮文化』)

一九一八年に敬天寺十層石塔は朝鮮半島へ戻ったものの損傷がひどくて復元できず、景福宮内に放置されてきた。一九六〇年になってようやく復元され、国宝第八六号に指定された。

## 北側文化財の返還は未解決

日本にある朝鮮文化財について、日本と韓国・朝鮮とでは大きな認識の違いがある。一九六五年の日韓基本条約の関係諸条約として結ばれた「文化財及び文化協力に関する日本国と大韓民国との間の協定」によって、日本にある朝鮮半島南側からの文化財の返還について取り決められた。略奪によるものとして「返還」という形を求める韓国政府に対し、日本政府は合法的に入手したので「寄贈」であると主張して厳しく対立。結果は「独立へのお祝い品」の「引き渡し」という形で妥協したのである。靖国神社が北関大捷碑について「返還」ではなく「引き渡し」にこだわったように、日韓条約から半世紀以上経っても、両国の認識はまったく変わっていない。

文化財協定で返還の対象となったのは国有文化財のみで、民間が所有する物は除外された。韓国側が返還要求していたのは四四七九点だったが、引き渡されたのは一三二一点。そのうち、もっとも多いのが書籍で八五二冊。金銀製品などの考古資料が三三四点、青磁がほとんどの陶磁器は九七点となっている。書籍は韓国政府が要求しなかったほど文化財としての価値がないもので、陶磁器は質が落ちるものばかりだったという。

そしてまったく解決していない問題もある。文化財協定締結の際に日本政府は、「日本国民が保有する韓国に由来する文化財を、自発的に韓国へ寄贈するよう国民に勧める」ことを約束。だがこれはまったく守られていないのだ。

北関大捷碑返還の後、韓国では日本にある朝鮮文化財の返還を求める運動が活発になり、いくつかの返還が実現した。二〇〇六年七月、東京大学附属図書館が所蔵してきた『朝鮮王朝実録』が韓国へ返還された。これは二五代におよぶ朝鮮王朝の四七二年間の公式記録。その中には第一一代王・中宗《チュンジュン》に関する部分において、NHKで放送された韓国ドラマ「宮廷女官チャングムの誓い」の主人公である医女・長今《チャングム》のことも記されている。

朝鮮総督府は、江原道《カンウォンド》の五台山《オデサン》に保管されていた『朝鮮王朝実録』約七六〇冊を、一九一三年に東京帝国大学へ移す。関東大震災で大部分を焼失したものの七四冊が残り、そのうちの二七冊が一九三二年に京城《けいじょう》帝国大学へ移された。戦後、それらは韓国の国宝第一五一号に指定され、一九九七年にはユネスコにより「世界の記憶」に登録。東京大学に残る四七冊について韓国での返還要求の声が高まり、二〇〇六年七月にソウル大学校へ「寄贈」として返還された。

このように、まったく不十分ながらも韓国へはいくつかの文化財返還が実現した。だが、朝鮮への返還は北関大捷碑だけしかない。日本にある朝鮮半島北側からの文化財としてよく知られているのは、大蔵集古館の庭園に置かれた栗里寺址八角五層石塔や、東京大学が管理している平壌の楽浪《ランナン》古墳群から発掘した膨大な量の副葬品である。

独立行政法人国立文化財機構は、東京・京都・奈良・九州にある国立博物館などを運営。私は、そこが管理する朝鮮半島からの文化財について調査依頼をした。その結果、東京三八九〇点、京都三二七点、奈良四八点、九州一一点の合計四二七六点を所蔵していることがわかった。

その内、出土地が朝鮮半島南側は、東京三三一六点、京都三二九点、奈良四五点、九州一一点(出土地不明二点を含む)の合計三六九一点。出土地が朝鮮半島北側の物は、東京五七四点、京都八点、奈良三点の合計五八五点だとする。

日本と朝鮮半島との長い交流の歴史からすれば、多くの朝鮮文化財が日本にあるのは当然のことである。日本人が朝鮮の美術品や文化財を愛好したことも理由としてあるだろう。また数はごく少ないものの、韓国にも日本の文化財がある。ソウル市の国立中央博物館には、李王家が収集した横山大観などの日本近代の美術品約二〇〇点が所蔵されている。

敬天寺十層石塔のような略奪行為があったのは事実であるし、厳しい植民地支配を行なったことからすれば強引な方法で運び出した物が数多くあると考えるのが自然だ。しかし韓国や朝鮮には、日本にある朝鮮文化財はすべて略奪したものなので返還するようにとの主張がある。大変な調査をすることになっても、略奪したと判定できるものとそうでないものとを分ける必要があるだろう。そのためには、日本と韓国・朝鮮の合同での研究が必要だ。

韓国国立中央博物館の崔善柱・学芸研究官は、日本にある朝鮮文化財について次のように語る。

「個人のコレクションの所在を把握し、それがどこから出土したのかなどの履歴をまとめる必要があります。文化財返還は難しくても、記録だけでも残しておきたいのです」

返すべきものは返し、そうでないものは韓国・朝鮮の研究者が日本で研究できるようにするのが良いのではないだろうか。

二〇〇二年の日朝平壌宣言には、次のように明記されている。

「双方は、在日朝鮮人の地位に関する問題及び文化財の問題については、国交正常化交渉において誠実に協議することとした」

その協議が始まるめどはまったく立たないが、日本政府は朝鮮への文化財返還に、いつかは取り組まなければならないのだ。また文化財返還といった個別問題を進めることが、日朝国交正常化に向けての交渉の糸口になるのではないだろうか。画期的な北関大捷碑返還が切り開いた道を生かすべきだ。

# 第5章　「消耗品」にされた朝鮮人労働者
## ——日本支配下の巨大コンビナート建設

### 険悪な雰囲気での出会い

今も忘れられないその出会いは、二〇〇四年五月のことだった。

この頃の平壌での私の宿は解放山《ヘバンサン》ホテル。ビジネス街にあるので移動に便利で、しかも宿泊料金が安い。だが建物は古く、客室のテレビは海外からの衛星放送が入らないためか、ここを利用する外国人は少ない。

朝鮮のどのホテルにも「面談室」というものがある。宿泊客が来客と会ったりする時に使う。このホテルの面談室で、日本による植民地時代に朝鮮内の工場へ強制連行された人と会うことになっている。

この国で戦後補償問題に取り組んでいるのは朝鮮日本軍「慰安婦」・強制連行被害者補償対策委員会（現在は朝鮮日本軍性奴隷・強制連行被害者問題対策委員会）。対文協日本局の一部のスタッフと、歴史・法律学者らとで構成されている。

私はこの対策委員会に以前から、日本窒素《ちっそ》肥料興南工場へ連行された人を探して欲しいと要請していた。そして、見つかったとしてこの場が設定された。今から話を聞く尹昌宇《ユンチャンウ》さんは、日本植民地時代に受けた被害の申請受付が行なわれているのをテレビで知って連絡してきたという。

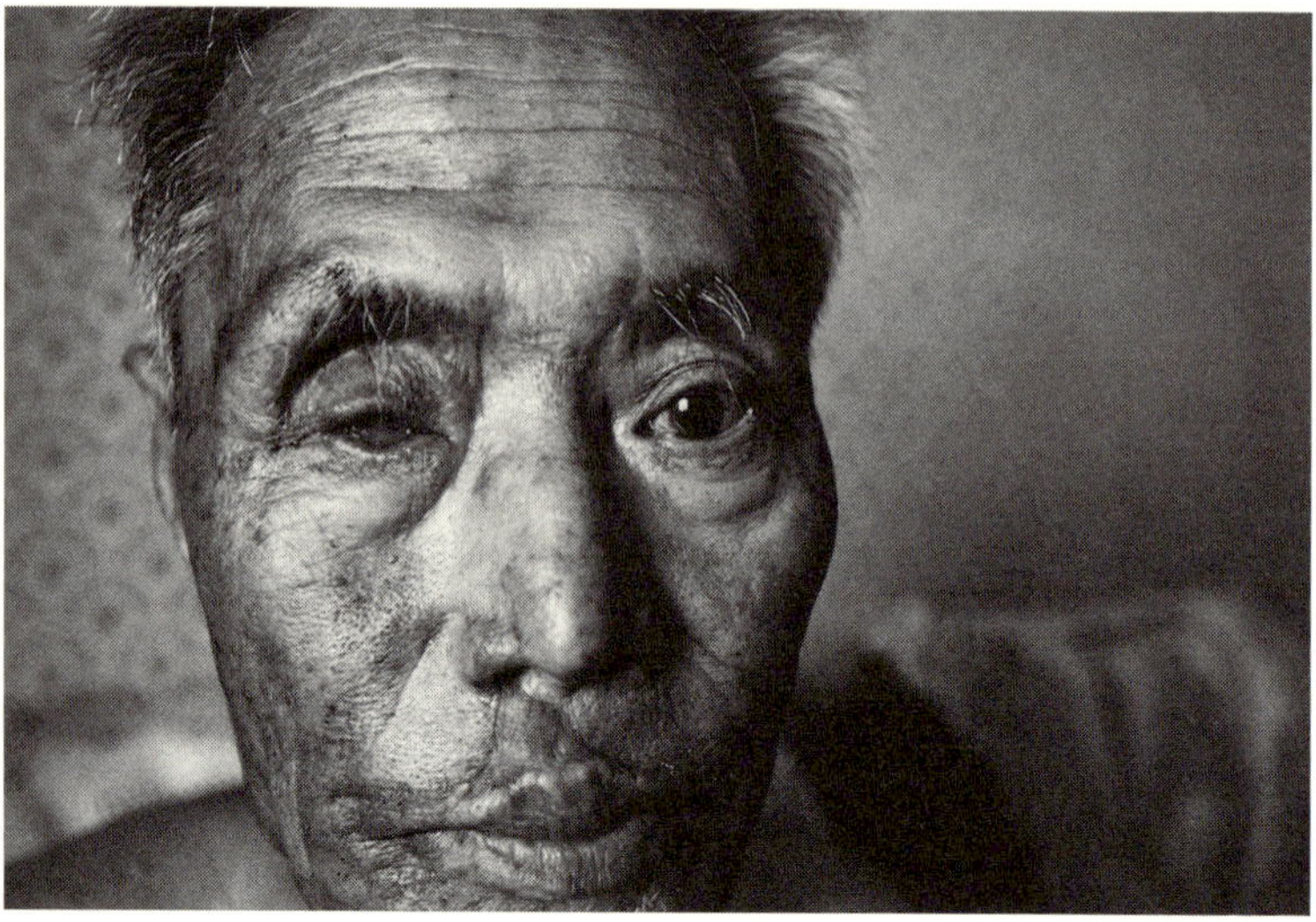

全身を火傷し右目を失った尹昌宇さん

約束の時間よりも早くその部屋へ行き、ビデオカメラをセッティングする。天井の照明器具をすべてつけても、室内は暗い。

尹さんが部屋へ入ってきた。その顔を見ると皮膚は引きつり、鼻から上唇にかけて形が崩れている。しかもよく見ると、右目は明らかに義眼である。

「強制連行の被害者ではなく、広島か長崎での被爆者ではないのか」

そう思った。挨拶をしてから体験について質問を始めたが、それをまったく無視して窓の外を眺め続けている。「日本人と話などしたくもない」という気持ちがヒシヒシと伝わってくる。

対策委員会のスタッフに何度も促された尹さんはようやく話し始めたものの、顔は私からそむけたまま。しかし、語られた体験は衝撃的だった。

**子どもを軍需工場へ動員**

尹さんは、一九二八年三月二〇日生まれ。忠清《チュンチョン》北道清州郡《ブクドチョンジュグン》で一家は暮らしていた。

「専売局はタバコの密売を取り締まるために、市が開かれる日などに通行人の荷物検査をしていました。タバコ好きのお父さんが、タバコの葉をポケットに入れていたために捕まり、高額の罰金を科せられたんです。雄牛一頭が買える金額を払うことができず、私たちの家は没収されてしまいました」

一家が流れ着いたのは、江原道淮陽郡下北面馬山里《カンウォンドフェヤングンハブクミョンマサンリ》。山奥にある小さな村だった。

「私は昼間は山で薪を採り、夜は夜間学校の先生をしました。村人は読み書きができなかったため、清州で小学校を出ていた私が先生をすることになったんです」

貧しいながらも、穏やかで充実した生活……。しかしそれはいつまでも続かなかった。尹さん一四歳の一九四二年八月二〇日。暗くなってから、家の外で尹さんの名前を呼ぶ者がいた。それは、一人の警察官と鳥打帽をかぶりゲートルを巻いた三人の男だった。

「この時局において若い奴は働くべきだ!」

そう言って、尹さんをそのまま連れて行こうとした。家族は泣きながら止めようとするが、為す術もない。

「戦争が末期に近づくにしたがって、日本人労働者だけでなく、朝鮮人の募集も難しくなってきた。そして農村から朝鮮人を強制的に工場に連れてくることが行なわれた。そして最初に行なわれたのが産業報国隊である。略して産報隊という。まず工場からこの産報隊の出動を、道《どう》を通じ総督府に申請する。総督府はそれを道に、道は郡に、郡は面《めん》に割り当ててゆく。面は出動可能者の名簿から出動する産報隊員を選ぶ」(鎌田正二『北鮮の日本人苦難記——日窒興南工場の最後』時事通信社、一九七〇年)

尹さんは警察署に連れて行かれた。息子の連行を阻止できないと判断した母親はすぐに動く。たくさんの若者を集めているため、出発するまでに少し時間がありそうだからだ。大切にしている自分の銀製のカンザシを、鍋の修理をする職人のところへ持って行く。そして朝鮮式のスプーンである「スッカラ」に作り直してもらったのだ。

「朝鮮では昔から、夫や息子が戦場や旅に出る場合、銀製のものを身に着けさせるという習慣がありました」

銀は、砒素系の毒に触れると反応して黒く変色する。また銀イオンは、バクテリアなどに対して殺菌力を持つという。母親は、見知らぬ土地での息子の健康を心配したのである。

「貧しい家の娘が結婚する時に親から用意してもらえるのは、カンザシや指輪くらいのものですよ。私の母は、何よりも貴い財産をスッカラにしてくれたんです」

警察署に集められた一三〇人の若者はその場で、北海道の炭鉱・横須賀の海軍工廠・朝鮮内の肥料工場と炭鉱などに振り分けられることになった。肥料工場とは日本窒素肥料興南工場のことで、場所は当時の咸鏡南道《ハムギョンナムド》咸興郡《ハムフングン》興南邑《フンナムウプ》。炭鉱は咸鏡北道《ハムギョンプクド》の朝鮮人造石油阿吾地《アオジ》炭鉱で、中国東北地方・ソ連とも近く、産出する石炭から液体燃料を製造していた。

尹さんは「興南の肥料工場へ行け！」と言われた。新高山《シンゴサン》駅で列車に乗せられ、興南へと向かった。お金や衣類もなく、スッカラ一本だけを持って行ったのである。後でわかったことだが、尹さん宅へ警察官と一緒にやってきた三人は、工場に付属する従業員寮の舎監と面の役人だった。

日本窒素肥料興南工場は戦略的に重要な工場だったが、アジア太平洋戦争の末期には日本人従業員の三分の一が軍に召集された。朝鮮内で朝鮮人労働者を確保しようとしても、体力のある青年はすでに軍や工場に連行されていた。そのため興南工場は、朝鮮内の高等学校と大学から約二〇〇〇人の朝鮮人を集めた。

「産業報国隊として連れて来られた朝鮮人は四〇〜六〇歳ですが、朝鮮人労働者の約四〇パーセントもが子どもたちでした」と尹さんは語る。日本敗戦時には、従業員の約八〇パーセントが朝鮮人になっていた。それだけでなく、囚人約一〇〇〇人、英国軍とオーストラリア軍の捕虜三五〇人も働かされた。

尹さんは、囚人たちの悲惨な姿が忘れられないという。

「咸興には大きな刑務所があり、その囚人たちを連れて来てひどい扱いをしたんです。鉄製の玉をつけた鎖を引きずりながら裸足で歩かせるので、鎖で擦れた足から流れた血で床が真っ赤に染まったほどです」

## 総督府と一体で巨大工場建設

日本窒素肥料は、一九〇六年に野口遵《のぐちしたがう》によって創業された。この会社は現在のチッソ株式会社で、事業部門はＪＮＣ株式会社へ移管している。戦後、悲惨で深刻な水俣病という有機水銀中毒事件を引き起こし、多くの患者が今も苦しむ。その人間と環境を軽視した企業体質は、植民地支配下の朝鮮に設立した朝鮮窒素肥料(一九四一年に日本窒素肥料へ吸収合併)において形成された。

「一九二七(昭和二)年には北朝鮮に拠点を設立して、水力発電を中核とする世界屈指の大規模化学コンビナートを展開。事業分野も化学肥料や工業薬品、合成樹脂、金属精錬など広範囲におよび、総合化

学会社としての地位を確立しました」(チッソのウェブサイトより)

野口は一九二六年に一〇〇パーセント出資の朝鮮水電を創設。鴨緑江《アムロクカン》の支流である赴戦江《プジョンガン》に、ダムと発電所の建設を開始した。事故と寒さによって、数百人の朝鮮人・中国人の労働者が死亡したという。一九二七年五月には、その電力を使って操業する朝鮮窒素肥料を設立。興南で、世界最大級規模の化学コンビナートの建設を開始。一九八〇万平方メートルもの土地を手に入れるため、朝鮮総督府と警察を使って地主たちの反対を押しつぶし、農業と漁業で暮していた人々を追い出した。

その広大な場所へ興南肥料工場・興南精錬所・本宮カーバイド工場を中心に、朝窒火薬・日窒鉱業開発・朝鮮石炭工業などの系列会社を次々と設立。興南工場で製造した肥料は、日本の全生産量の約三〇パーセントを占めた。

水俣からは多くの人が、植民地での豊かな生活を夢見て興南へ移る。従業員数は年とともに増加し、一九四五年には四万九〇〇〇人にもなる。興南の企業城下町には、約一八万人もが暮した。日本窒素肥料の朝鮮での事業拡大は、朝鮮総督府と一体となって行なわれた。アジア太平洋戦争が始まると興南工場は軍需工場に指定され、憲兵が構内を巡回。肥料だけでなくダイナマイト・爆薬も製造し、ロケット燃料の開発もした。

## 興南で行なわれた日本の核開発

アジア太平洋戦争中に興南工場で働いた全熙龍《チョンヒリョン》さんが、工場で秘密裏に行なわれた研究について語った。

「日帝時代には、この工場で核兵器の研究やそれに使う物質も製造しようと企てていました」

日本が興南工場で核兵器開発をしていたという疑いは、かねてから指摘されてきた。

「旧日本軍が第二次世界大戦の終戦直前、現在は朝鮮民主主義人民共和国（北朝鮮）領となっている朝鮮半島東岸の興南沖合で原爆実験を実施したとの情報を米軍がつかみ、戦後日本を占領統治した連合国軍総司令部（GHQ）などが秘密裏に調査していたことが、米国立公文書館で時事通信が入手した米軍機密文書（約三百ページ）で分かった。（中略）米軍犯罪調査部隊のデービッド・スネル氏は、旧日本軍が四五年八月十二日未明、興南沖三十数キロの海上で原爆実験を行い、巨大なきのこ雲が上がったとの情報を、ソウルで元日本軍情報将校から入手（以下略）」（『西日本新聞』一九九九年八月六日付）

二〇〇五年六月一二日には韓国のテレビ局MBC（文化放送）が、公開された米国公文書にもとづいてこの核開発について報じた。それによれば、興南では「ガス拡散法」と「遠心分離法」によるウラン濃縮が実施された。一九四七年のGHQ報告書には「敗戦後に米国からは、日本が興南での原爆実験のため降伏を遅らせたとの疑惑を生んだ」との記載があるという。

敗戦直後の八月二六日、興南の化学コンビナートはソ連軍によって接収。それから五年後の一九五〇年六月二五日に朝鮮戦争が始まる。

「米軍は興南にあった化学コンビナートで日本海軍が秘密裏に核開発を進めていたとみて、朝鮮戦争（五〇—五三年）に乗じて疑惑施設を徹底的に爆撃していたことも明らかになった」（前掲『西日本新聞』）

米軍は七月三〇日から、興南への爆撃と艦砲射撃を開始。一五〇〇トンもの爆弾によって、工場施設の八〇パーセント以上を破壊したのである。私が入手した、朝鮮によって撮影・編集された記録映画

『廃墟の上に立ち上がった朝鮮』には、この肥料工場が瓦礫の山と化したようすが記録されている。

## 朝鮮人労働者は「消耗品」

列車に乗せられた尹昌宇さんたち少年は工場へ到着した。

「工場での作業についての何の説明もなく、着いたその日から働かされました。私たちの最初の仕事は機械掃除でした。ところがその日のうちに、雑巾で拭こうとした機械に巻き込まれて腕を失った人がいたんです。少年工から、負傷者が出ない日はありませんでした」

農村で暮らしてきて日本語があまり上手ではない朝鮮人少年たちを、安全教育もせずに巨大化学工場でいきなり働かせたのである。トロッコやエレベーターに挟まれたりデッキから落ちたりと次々に労働災害が起き、死亡者が出ることも珍しくなかったという。また尹さんら少年が配属されたのは、濃硫酸を扱う最悪な環境の工場だった。

「もっとも有害なガスを出したのは硫酸工場で、その次がアンモニア合成工場です。硫酸工場の煙突からは、黄色い煙がいつも上がっていました。構内にもその煙が漂っていて、嗅ぐとくしゃみが出ます。ここに一年もいると肺結核になるんですよ」

その話を裏付ける日本人従業員の証言がある。

「興南工場には安全という言葉はなかった。硫酸工場なんか、焙焼炉の調子が悪いときは、黄色い亜硫酸ガスがもうもうです。（中略）あそこは第五硫酸工場まであったが、胸をやられて大分死んどるですよ」（川辺渉氏の証言。岡本達明・松崎次夫編『聞書 水俣民衆史 第5巻 植民地は天国だった』草風館、一九九〇

年）

会社が、朝鮮人を「消耗品」として扱ったことは次の記述からもわかる。

「工場のあちこちに立籠める亜硫酸ガス、アンモニア、塩素などの臭気、ごうごうと耳を聾する機械の噪音、思わぬとき動いてくるトロッコやウインチ、工場は恐ろしい所と感じたにちがいあるまい。どうしてこんな事故が起きるのだろうと思われる予想外の事故がいく度も起きた。トロッコに挟まれて死んだもの、バケットエレベーターにはまりこんで死んだもの、デッキから落ちて死んだもの、いままで考えられなかった事故が産報隊に起きた。死亡事故は各工場で月一、二度にも上った」（前掲『北鮮の日本人苦難記』）

尹さんは、工場での体験を淡々と語り続ける。

「肉体労働は朝鮮人がして、管理者はすべて日本人でした。監督は朝鮮人一〇～一五人に一人がつき、先端から金属の針が出るステッキを持っていたんです」

監督は武器を携行して、朝鮮人労働者を管理していたのである。

「朝鮮人とどうやって仕事するか上から指示があった。（中略）『朝鮮人はぼろくそ使え。朝鮮人からなめられるな』といわれた。朝鮮人は人間として見るな、人間の内に入れちゃならんぞという指示じゃ、て私はすぐ思った」（松本逸氏の証言。前掲『聞書　水俣民衆史　第5巻』）

「植民地には金とか李という個人は居らん。田中と金も居らん。居るのは日本人と朝鮮人だけ、あるのは民族と民族の関係だけたい」（三浦誠氏の証言。前掲『聞書　水俣民衆史　第5巻』）

工場の日本人労働者たちは、朝鮮人に対し「支配者」として振る舞ったのだ。給料でも、日本人と朝鮮人とでは大きな差があった。本給そのものが違うだけではなく、日本人には一五パーセントの朝鮮勤務手当が付いた。給料について尹さんは次のように述べた。

「(尋常高等小学校)高等科を卒業した日本人は一日三円五〇銭なのに朝鮮人は一日七九銭で、徹夜勤務をしても一円二〇銭でした。『国防献金』『皇軍見舞金』を強要され、工具を壊すと弁償させられ、遅刻や早引きすれば罰金でした。工場の供給所で売っている歯ブラシや靴下は高く、給料から差し引かれたんです。散髪代さえ残っていない時もありました。農村で暮らしている時はなかったのに、工場へ来てから私の心には日本人への反発や反抗心が起きました」

過酷な労働を終えて寮へ戻っても、満足な食事は与えられなかった。

「大豆カスを、握り飯か茶碗で出されました。それさえ、たらふくは食べられません。汁は海水を温めただけのものです。正月と『天長節(天皇誕生日)』『明治節(明治天皇の誕生日)』にはタクアンが付いたくらいです。栄養失調になるだけでなく、少年たちは下痢をするのでズボンはいつも濡れていました」

## 硝酸を被って全身に大火傷

そして、尹さんにも悲劇が襲った。

「一九四三年九月一五日。この日は監督から、硝酸の入った陶器の容器を運ぶよう命じられました。これは、普段は大人がやっている作業です。トロッコに載せて構内を運んで来たものの、容器を少年たちだけで降ろすのが問題でした。容器は四〇~五〇キログラムもあるのに取っ手は付いていないからです。そのため、三人で抱えて容器を下ろすことにしました。ところが一人の少年が手を滑らせ、もう一人も手を離してしまったんです。私は傾いた容器を一人で支えようとしたものの、抱えたまま倒れ込んでしまいました。容器は下のレールにぶつかって割れ、爆発したんです。その時から五日間、私の意識はありませんでした」

以下は、尹さんが友人から後に聞いた話である。

「監督はあわてて私を水の中に入れました。それは鉱石を粉砕する過程で出る汚水です。労働者たちが私をそこから引き上げ、肥料工場の付属病院へ運び込みました。この病院には医師三〇人と看護師一〇〇人以上が勤務し、ベッドは二〇〇床ほどあります。医者は監督に『公傷か私傷か』と聞きました。すると『本人の不注意によるものだ』と言ったんです。公傷であれば、監督責任が問われるからです。私傷とされた私は、治療や入院の費用が払えないからと、そのまま病院の廊下へ放置されたんですよ」

尹さんの火傷はⅢ度（皮下組織まで障害が及ぶ）の重傷で、全身は風船のように腫れ上がった。後には全身が膿んで、体中にウジがわいた。「解放後、溶けて塞がった鼻の穴などの火傷痕の手術を何度も受けました」と尹さんは言う。だが六〇年以上もの歳月が過ぎても、しっかりとケロイドが残っているほど火傷はひどかった。

「仲間の労働者たちは怒り、工場が責任を取るべきだと声を上げました。ストライキ直前までになったため、工場側は役員を派遣して調査を始めました。結論は公傷です。ようやく病院は治療を始めたものの、すでに事故から四〇時間くらい過ぎていました」

興南工場では、待遇改善などを求めるストライキがたびたび行なわれていた。「日本人との差別をなくせ！」と要求する朝鮮人労働者によるものもあった。仲間の労働者たちの抗議がなければ、尹さんの命は失われていただろう。

この人命を何とも思わない工場の姿勢について、日本人労働者の証言がある。

「人が死ぬということは、関心がなかったですね。（中略）警察に呼ばれることもない。人が亡くなっていわゆる公傷といったんですね。ガス吸って病気になって死ねば私傷です。まして、朝鮮人が死んだって風が吹いたほどにも感じない」（横井三郎氏の証言。前掲『聞書 水俣民衆史 第5巻』）

病院が尹さんに付き添いを付けないため、労働者たちが交代で世話をすることになった。そして尹さんの両親へ「危険な状態なので早く来て欲しい」と電報を打つ。

父親は息子の所へ行くため、洗浦《セポ》駅まで歩いて行った。だが列車の切符を買おうと並んでいたところ、警察官から「皇国臣民の誓詞」を言うように命じられた。

「皇国臣民の誓詞」は一九三七年一〇月に「朝鮮総督府」が発布し、学校で児童用、役場などでは大人用の斉唱を義務付けていた。

一、我等ハ皇国臣民ナリ、忠誠以テ君国ニ報ゼン
二、我等皇国臣民ハ　互イニ信愛協カシテ　以テ団結ヲ固クセン
三、我等皇国臣民ハ　忍苦鍛錬力ヲ養ヒ　以テ皇道ヲ宣揚セン

これを言わなければ、切符は売ってもらえないのである。日本語を話すことができない父親に言えるはずがなかった。

「お父さんは、仕方なく片言の日本語で適当に言いました。すると不穏分子だと警察官は怒り、ぶら下げていた剣で殴ったり足蹴にしたりしたそうです」

全身アザだらけの父親が、牛車に乗せられて家へ戻って来た。それからは寝たきりとなり、翌年三月一〇日に四八歳で亡くなってしまった。「死んだのは殴られたのが原因」と尹さんは言う。

父親が亡くなると、母親が会いに行こうとした。「皇国臣民の誓詞」は言えないので列車は断念し、興南まで歩いて行った。

## 最高指導者との記念写真

日本支配下の朝鮮で建設された日本窒素肥料興南工場。この巨大化学コンビナートに関する書籍は戦後の日本で数多く出版されているほどで、植民地時代の朝鮮を研究する人ならば誰もが訪れたい場所だろう。私は以前から、そこで働かされた朝鮮人への取材とともに、植民地時代の施設が今はどうなっているかを見たかった。尹さんから過酷な体験を聞いたいま、どうしてもその場所へ尹さんとともに行きたくなった。

対文協に取材申請をすると、しばらくして「許可が出なかった」との返事が届く。朝鮮でいまも稼動する最大級の肥料工場での撮影である。許可が簡単に出ないことは百も承知している。あきらめずに交渉を続けたところ、二〇〇五年三月になって受け入れるとの連絡があった。対文協が地元の人民委員会や肥料工場などの関係機関を説得できたのだろう。

四月二八日。新潟空港から経由地のウラジオストクへ向かう。そこから平壌へ行く高麗《コリョ》航空二七二便は、帰国する朝鮮の労働者たちで満席だった。

今回の宿は安山館《アンサンガン》。平壌で外国人が宿泊できるもっとも安いホテルだ。広い庭には大きな池があり、たくさんの釣り竿が並んでいる。リール付きのりっぱな竿や、何本もの竿を出している人も多い。

尹さんとこれまで二回会った場所はホテルの面談室。いよいよ自宅へ招いてくれるという。しかし、対策委員会のスタッフから「尹さんは風邪で寝込んでいる」と聞かされる。しかも尹さんの家族は、お年寄りを地方へ旅行させることに反対しているという。とりあえず、自宅へ行ってみることにした。

平壌市万景台《マンギョンデ》区域の光復《クァンボク》通に立ち並ぶ高層アパート。その中の一つの、一三階建てアパートの前で車は止まる。人民班の班長や住民たちが何事かと集まって来る。ここの七階で尹さんは長男一家と暮しているという。

平壌のアパートや施設のエレベーターには、今でも「エレベーターガール」がいる。昇降中のわずかな時間でも、読書をしている人が結構いる。エレベーターのカゴの中には、たいてい小さな椅子が置いてあり、その人の好みの装飾がされていたりする。このエレベーターは若い女性が担当していて、壁面のすべてに映画俳優の大きな写真をたくさん貼っている。完全に彼女の自室と化しているが、見ているだけで楽しい。

尹さんは寝込んではおらず、玄関で迎えてくれる。この家の間取りは、四つの居室と台所・風呂場・便所があり、私がこれまでに朝鮮で訪ねた個人宅の中でももっとも広い。一九八九年七月に平壌で開催された第一三回世界青年学生祭典(「反帝国主義の連帯と平和親善」をスローガンに掲げた世界の青年学生による大会で、一八〇カ国・約六〇地域機構が参加した)の参加者のための宿泊施設として建設されたものだからだ

取材のために集まってくれた尹昌宇さんの家族

尹昌宇さんの仕事机に置かれた銀のスッカラ

という。

母親が持たせてくれた銀のスッカラを、尹さんは今まで大切にしてきた。それを仕事机の上に置いてもらい撮影をする。室内には、冷蔵庫・テレビ・扇風機といった電化製品が置かれている。カラオケをするためのＤＶＤプレイヤーもある。高価であっても、娯楽の選択肢が少ないため何としてでも手に入れたい物なのだろう。

壁には、額に入ったモノクロームの大きな集合写真が飾られている。最前列の中央に金日成主席と金正日総書記が並んで座り、その後ろにスーツ姿のたくさんの人がびっしりと並ぶ。その中に尹さんの姿がある。

「一九八六年六月四日の、『民主朝鮮』創立記念日に撮った記念写真です」

尹さんは祖国解放を興南工場で迎えた。

「一九四五年八月一五日。係長に集まるように言われ、ラジオ放送を聞きました。天皇が日本の降伏を発表したことを知り、労働者たちは泣き叫びながら『朝鮮独立万歳！』と叫びました」

故郷へ戻ると、母親と兄弟たちは尹さんが生きていたことを喜んでくれた。感動的な再会をしたものの、一家には食べ物がないという厳しい現実が待っていた。そうしたところに、予想外の良い話がきた。

「山奥の村ですから工場などありません。そんな村で北朝鮮共産党の組織が結成されることになり、工場での労働経験のある私が党員になることができたんです」

この北朝鮮共産党は、一九四六年には朝鮮新民党と合流して北朝鮮労働党となり、一九四九年に現在の朝鮮労働党の創立へとつながっていった。

尹さんは党活動をする中で新聞記者に応募し、九六人中の三人として合格。江原道の地方新聞である『江原人民報』の記者になった。

「私が三八度線に近い農村で取材していた時に、朝鮮戦争が勃発しました。私は『民主朝鮮』に移り、従軍記者として戦場で記事を書き続けたんです。洛東江《ナクトンガン》(釜山《プサン》で海に注ぐ大河)まで行ったんですよ」

『民主朝鮮』は現在も発行されている政府機関紙である。その記者として、朝鮮人民軍が進軍した韓国の最南端まで従軍したというのだ。

尹さんが書いた記事は高く評価され、金日成主席から腕時計を贈られた。それを見せてくれた。文字盤には、赤い文字の朝鮮語で「金日成」と入っている。一八七三年創業のスイスの時計メーカー「LANCO」の高級時計である。

## 家族の反対を押し切って出発

私は尹さんの自宅へ三日間通った。家族の人たちと一緒に、食事や喉自慢もした。そうした中で出た尹さんの「どんなことがあっても構わないので行く!」とのひと言で、興南行きが決まった。「今の工場のようすを見たい」という気持ちもあるだろうが、日本から何度もやって来て話を聞く私に協力しようと思ったからだろう。

二〇〇五年五月五日、家族の反対があったことで出発は予定より一日遅れたが、私は尹さんとともに車で興南へ出発した。車は、高速道路を時速一〇〇キロメートル前後で走り、元山《ウォンサン》へ。そこで昼食のために入った東明《トンミョン》ホテルの食堂からは、係留された万景峰92号がすぐそばに見えた。

元山から咸興へ向かう一般道に入ると、ヒッチハイカーが多くなる。行き先を書いた紙をかざす男性や、直立不動の姿勢で敬礼をして車を止めようとする兵士もいる。二人の若い女性が、車に向かって笑顔を振り撒きながら、ビニール袋に詰めた果物を両手でかざして売っている。この国の道路からは人々の生活が伝わってくるので、窓からの景色に退屈しない。

私と尹さんは、平壌市から約七時間も車に揺られ、咸興市へ着いた。ここには咸鏡南道の道庁があり、人口一〇〇万人近くの大都市である。

ここの新興山《シンフンサン》ホテルに泊まる。このホテルはかなり古いものの、よく手入れされている。だが、朝食付きで一泊五五ユーロ(取材時で約七七〇〇円)もする。日本で同程度ならば四〇〇〇円といったところだ。しかも、お湯どころか水も満足に出ない。そのため、ボロボロの浴槽に水が張ってある。水が出る時間に貯めておき、トイレで流す時などに使うのだ。この水で顔を洗いたくないので、ポットの湯でタオルを濡らして顔を拭く。体を洗うお湯は、プラスチックの大きな容器に投げ込み式のヒーターで沸かしてくれる。

明日からは日本の植民地支配時代に日本窒素肥料だった興南肥料連合企業所で、尹さんを十分な時間をかけて撮影する予定だ。

## 化学工場での三日間の撮影

午前八時三〇分、労働者の出勤風景を撮影するため連合企業所へ向かう。車は途中で何回も警察官に止められる。日曜日は交通規制をしているのだという。

かつて働いた硫酸工場の跡に立つ尹昌宇さん

広大な興南肥料連合企業所の入り口

工場の道路の向かいには広場があり、金日成主席の銅像が建てられている。握り締めた右手の拳を振り上げているという姿だ。一九四五年八月一五日の解放からの一年間に、二回もこの工場を現地指導したことを記念したものだという。

尹さんは、金日成主席が一九四六年六月に行なった演説について説明してくれる。

「『肥料はすなわち米だ』とおっしゃったのです」

そう言いながら、銅像と同じように右手を振り上げてみせた。この銅像は、演説の時の姿なのである。金日成主席が最初にこの工場へ訪れたのは一九四五年一二月六日。死去した一九九四年七月八日までに、三二回も現地指導に訪れたという。朝鮮にとって、いかに重要な工場なのかがわかる。また亡くなる二日前の演説で、この工場について述べている。

「化学肥料生産を増やそうとするなら、興南肥料連合企業所をうまく補修してすべて稼動させねばなりません。化学肥料を生産して農村に送ってこそ、食べる問題を解決することができます」

工場の大きな正門の前に、ビデオカメラをセットする。巨大な煙突からは、黄色い煙が立ち上っている。巨大なスローガンが目につく。

「金正日将軍を一千万年高く敬い仕えていこう!」

構内には、金日成主席の妻である金正淑《キムジョンスク》女史が抗日武装闘争の時に、工場労働者に向けて発したスローガンも掲げられている。

「興南よ立ち上がれ、白頭山《ペクトゥサン》が見ている、全人民がお前に従うだろう、抗日だけが生きる道」

日曜日であっても、たくさんの労働者が工場の中へと吸い込まれていく。門の内側には、作業服姿の

興南肥料連合企業所の宣伝隊

宣伝隊が整列している。ブラスバンドの人たちは行進曲風の音楽を演奏し、女性たちが赤旗を大きく振り回して出勤する労働者たちを鼓舞する。

事務所へ案内された。事務の女性たちは、白のチョゴリに黒のチマという清楚な服装だ。リ・スンチョル副技師長が、現在の工場について説明してくれた。

「この工場はわが国で最初の連合企業所です。一一の工場から構成されており、従業員は約八六〇〇人です。窒素肥料を中心に、約三〇〇種もの製品を製造しています。かつては日本企業から鋼板などを仕入れていましたが、一九九〇年代半ばに途絶えました。日本との国交正常化が実現すれば、再開したいと思っています。今は中国と技術交流をしています」

連合企業所は、尹さんと同じように植民地時代に日本窒素肥料で働いた地元の人を工場へ呼んでくれていた。工作機械工場で働いた朴斗満《パクトゥマン》さん(一九二八

少年だった３人は興南工場で働かされた

年生まれ）と、前出の産業報国隊として連れて来られて土木作業をした全熙龍さん（一九三〇年生まれ）だ。

彼らを伴って最初に、尹さんが働いた硫酸工場のあった場所へ案内してもらう。しばらく周囲を歩き回ったが「当時の面影はまったくない」という。

労働者たちが、尹さんから当時の話を聞く場面を撮影することになった。周囲の施設はかなり古そうで、強いアンモニア臭が漂ってくる。尹さんが語る体験に涙を流している人が何人もいる。ただ、話が終わってから三人の労働者が感想を述べたのだが、演説のような口調なのには参った。自国メディアからの取材には、いつもこのようにしているからだろう。

**廃墟と化した日本時代の施設**

朝鮮戦争において米軍はこの工場を徹底的に破壊したが、それを免れた植民地時代の施設があるという。日朝間の民間交流が盛んな時期に、この工場へ

廃墟と化した日本時代のアンモニア合成工場

も日本からの訪問団や記者が来た。だがそうした人たちからの希望があっても、その施設は公開しなかったという。工場としては、最新設備を見て欲しいからだろう。

「日本時代の施設を全面的に公開するのは、今回が初めてです」

副技師長は私に、何度もそのように強調する。構内が広いので車での移動だ。車を降りると、副技師長の後を追って尹さんたちとともに古くて大きな建物へ入る。ここは、かつてのアンモニア合成工場だという。内部は完全に廃墟と化し、崩れ落ちた屋根からは空が見える。その大きな空間に、錆びついた大きなプラントが並ぶ。それは、一九三〇年代に建設されたアンモニア合成塔である。この肥料工場でもっとも重要なプラントだった。

「アンモニア合成工場や窒素工場といった重要施設には、朝鮮人を近づけさえしなかったんです」

と副技師長が言う。日本人の次の話がそれを裏付ける。

「合成工場の最重要部署である、合成塔操作、分析、カタライザー（触媒）製造などには、朝鮮人は一人もつけていません」（前田通氏の証言。前掲『聞書 水俣民衆史 第5巻』）

このプラントは一九八〇年代半ばに稼動を止め、新しいものが別の場所に造られた。いずれこれは解体し、新しい工場を建てるとのこと。

日本時代の建物はもはやこれしか残っていないが、工場内の「興南肥料革命事績館」には当時の工場設計図や技術書などの現物が展示されている。

日本窒素肥料は朝鮮で得た巨額の利益をもとに、中国東北地方と植民地支配下の台湾、日本軍占領下の海南島・インドネシア・シンガポールなどでも事業を展開した。

「聖戦下に於ける『日本窒素』はいまや一営利会社として之を見るべきでなく、一大総合化学国策会社と云ふべきであらう」（日本窒素肥料株式会社編『日本窒素事業概要』一九四〇年）

このように日本窒素肥料は、アジア諸国へ武力でもって権益を求めた日本の国策に、積極的な協力をすることで肥大化していった。狭い日本では不可能な大規模事業を、朝鮮半島で実現させようとした日本人がたくさんいた。だがそれは、日本による武力支配下で成り立つもので、砂上の楼閣のようにいつかは崩れ去る運命にあった。朝鮮半島での日本の資産の七〇～八〇パーセントは、日本窒素肥料を中心とした日窒コンツェルンが持っていたという。野口遵が築いた、このコンツェルンは日本敗戦によって解体されただけでなく、資産の九〇パーセント近くを失ったのである。

# 第6章　無念のままに——消されゆく被害の記憶

## わずかながらも残る「日本」

「日本が朝鮮を植民地支配していた時の鉄道車両が、平壌市内に展示されている」

そう聞いて、二〇一五年六月に訪ねてみた。平壌駅のすぐ近くにある鉄道省革命事跡館。本館に隣接する車両館へ入る。

入り口近くに置かれた緑色の旅客電車は、金剛山《クムガンサン》観光のために金剛山電気鉄道が導入したもの（第Ⅱ部扉写真）。日本車輛製造が、一九三〇年頃に製造したようだ。このほかに日立製作所製の凸型電気機関車や南満州鉄道のロゴが入った有蓋《ゆうがい》貨車が良好な保存状態で並ぶ。日本の鉄道マニアには、たまらない光景だろう。だが事跡館の案内員からは、厳しい言葉が出る。

「日本は大陸侵略と、石炭や鉱石などを略奪する目的で朝鮮に鉄道を敷設しました。また鉄道技術を朝鮮人に教えるのを嫌ったばかりか、解放後には機関車などを破壊したんです」

朝鮮に残っている日本支配時代の建物は、ごくわずかしかない。朝鮮戦争で米軍は、六三万五〇〇〇トンもの爆弾と砲弾を使用。これは日本への量の約四倍にもなる。しかしそれを免れた建物だけでなく、復元までして大切に保存されている日本家屋が各地に残る。それは、金日成主席らによる抗日運動にまつわる「革命史跡地」の建物である。

咸鏡北道清津市《ハムギョンブクドチョンジンシ》には、いくつかのそうしたものが残る。「青岩《チョンアム》革命史跡地」には、食堂・旅館や写真館などが忠実に復元されている。また、コンクリートや石の部分だけが残っている場所もある。羅南神社跡へ行ってみると、本殿へのコンクリート製の長い階段はほとんど傷みがない。上り切ったところに、丸い穴が開いた一対の石を見つけた。灯籠の礎石のようだ。このすぐ横の畑で農作業中の、年配夫婦に話を聞く。

「日本は朝鮮のどの都市でも、もっとも景色の美しい場所に神社を造りました。祝日になると、大勢の日本人が集まって来て騒いでいましたよ」

日本は、アジア太平洋戦争で被害を与えた国々に対して、極めて不十分ながらも戦後処理を実施してきた。ところが、朝鮮にだけはいまだにまったく何も行なっていない。私はアジア太平洋諸国で、日本から被害を受けた人たちを一九八〇年代初めから取材している。それは八〇〇〇人近くになる。

私が朝鮮で、一九九二年から今までにインタビューした被害者は八〇人。衝撃的な話を聞かされ、何度も会いに行った人もいる。

## 遺族からの厳しい言葉

東京都目黒区の祐天寺には、日本軍によって軍人・軍属として召集されて死亡した朝鮮人の遺骨が厚生労働省によって保管されてきた。朝鮮半島南側出身者の遺骨四二三人分は、韓国へ四回に分けて返還された。しかし、北側からの四二五人分は放置されたままだ。

平壌市内で、金元鏡《キムウォンギョン》さん(一九三七年生まれ)と最初に会ったのは二〇〇五年四月。日本陸軍の軍属だっ

平壌郊外にある母親の墓を訪れた金勇虎さん(左端)と家族

た父親の金正表《キムジョンピョ》さんは、インドネシアのセレベス島で戦死。二〇〇四年一二月に、同じように父親を英国統治下のギルバート諸島で亡くした金勇虎《キムヨンホ》さんとともに訪日し、祐天寺で父親の遺骨と対面しようとした。ところが日本政府は、事実上の入国拒否をしたのである。金勇虎さんは母親の墓を訪れ、日本へ行って父親の遺骨を持ち帰ることができなかったことを詫びた。その後、金勇虎さんは二〇一〇年一二月に亡くなってしまう。金元鏡さんは次のように語る。

「今でも、祐天寺へ行って遺骨を確認したいと思っています。たとえそれが父親の遺骨でなくても朝鮮人のものであれば持ち帰り、母親の墓の隣に埋葬したいです」

二〇〇一年三月に取材した金致《キムチ》麟《リン》さんは、一九二四年一一月生まれ。平安南道順川郡《ピョンアンナムドスンチョングン》で暮らしていた一九四四年一二月に、陸軍軍属として召集される。同じ郡から連行されたのは一二人。そして第四農耕勤務隊として、愛知県で農作業を行なう。日本国内では、工場だけでなく農村でも労働力がなくなったため、朝鮮人青年たちを軍属として働かせたのだ。労働がきつくて逃げ出した三人は、捕まって銃殺されたという。金さんは日本人の上等兵から棒で殴られ、歩くのが不自由になり右手親指は曲がらない。

「金さんは陸軍軍属なので、名簿が残っていて名前があるはず」

そう思った私は帰国後、農耕勤務隊名簿に記載された約二五〇〇人の中から、本人の証言と一致する名前を探し出した。本籍が「順川郡」で、「昭一九」に召集された「金村致麟」である。

しかし、そのことを伝えるために平壌市内のホテルで待っていると、会いに来たのは長女の金燦順《キムチャンスン》さん(一九五九年生まれ)だった。金致麟さんは二〇〇九年に死亡していたのだ。

「日本という名を聞いただけで、父の日本への怒りを思い出します。日本は不倶戴天の敵です。父の恨みの代価を、遺族が払わせます!」

そう語った金燦順さんは、厳しい表情を最後まで崩さなかった。

**朝鮮で被爆者を見つけ出す**

米国が広島・長崎へ投下した原子爆弾によって、日本人だけでなく、さまざまな国の人たちも被爆した。もっとも多いのが朝鮮人で、過酷な植民地支配下で生活できなくて日本へ渡って来たり、徴用・徴兵により自らの意思に反して連行されたりした人たちである。

米国やカナダの日本人被爆者は、日本へ一時帰国していた時などに被爆。ブラジル・ボリビアなどの日本人被爆者は、戦後に広島・長崎から移り住んだ人たちだ。それ以外には、中国・台湾や東南アジア諸国からの留学生、オーストラリア・英国・オランダなどの連合国軍捕虜もいる。

朝鮮人被爆者の数は、広島での被爆者約四二万人のうちの約五万人、長崎での約二七万人のうちの約二万人にもなる。その中で死亡した朝鮮人は広島が約三万人、長崎が約一万人だという。日本の朝鮮植民地支配がなければ、これほど多くの朝鮮人が被爆して死亡することはなかった。

生き残った朝鮮人で帰国したのは、広島からが約一万五〇〇〇人、長崎からは約八〇〇〇人。そして戻った先は、朝鮮半島の南側へは約二万人、北側へは約三〇〇〇人と推測されている。朝鮮で暮らす被爆者（在朝被爆者）が韓国の被爆者と異なるのは、そのほとんどが一九五九年一二月からの朝鮮への帰国事業による帰国者であるということだ。

朝鮮政府は、自国に被爆者がいることを長らく認めてこなかった。その存在を明らかにし組織化のきっかけを作ったのは「在日本朝鮮人被爆者連絡協議会」会長の李《リ》実根《シルグン》さんの奮闘による。自らも広島で被爆した李さんは、広島県内から朝鮮へ帰国する人たちを乗船港のある新潟へ送り届ける仕事をした。そのため、帰国者の中に多くの被爆者がいることを知っていたのだ。

一九八九年七月に訪朝した李さんは、一〇人の被爆者を探し出す。一九九二年六月には一万枚の調査用紙を持参し、朝鮮政府の高官に被爆者調査の実施を直談判した。それによって初の実態調査が行なわれ、一九九五年二月には「反核平和のための朝鮮被爆者協会」（二〇一〇年に「朝鮮被爆者協会」と改称）を結成。そして被爆者たちに、独自の手帳を発行した。これがあれば、医療機関で優先的に治療を受けることができる。

「被爆者協会」などが二〇〇八年に実施した調査では、一九一一人の被爆者を確認したものの、すでに一五二九人が死亡していた。この時に健在だった三八二人を対象に、二〇一八年に調査が実施された。一~五月の調査での中間報告によると、調べた一一一人のうちの五一人の死亡が判明。今では、健在な人は約二〇〇人と推測される。

## 棄てられた在朝被爆者

日本政府は一九九四年一二月に成立した「原子爆弾被爆者に対する援護に関する法律(被爆者援護法)」にもとづいて広島・長崎での被爆者に対し、国籍を問わずに健康管理手当支給などの援護措置を実施する義務がある。日本国外で暮らす被爆者(在外被爆者)のうち、被爆者健康手帳(以下、「手帳」)を取得している人は韓国・米国・ブラジル・中国・カナダなど三一カ国・地域の三一二三人(厚生労働省、二〇一八年三月現在)。在外被爆者たちは、日本で暮らす被爆者と同じ措置を求めて数多くの裁判などで闘い、着実に勝利してきた。そのため「手帳」を取得すれば、日本の被爆者と同じ援護が受けられるようになった。この措置は、日本と国交のない台湾の被爆者にも実施されている。

私の、植民地支配や侵略による被害者への取材は、韓国・朝鮮人被爆者からだった。日本政府による在外被爆者への援護が次第に進むのをみていて、朝鮮の被爆者だけが置き去りにされているのを何とかしたいと思いながら取材してきた。

朝鮮の地方都市にも被爆者たちが暮らしている。平壌市から南へ約七〇キロメートルの沙里院市《サリウォンシ》で、数人の被爆者と会った。誰もが帰国者なので、日本語で話してくれる。

一九三二年二月生まれの金元善《キムウォンソン》さんは広島で被爆。精神的に不安定とのことで、娘が付き添っている。

「日本では、父は『山本金次郎』、私は『山本すみ子』と名乗っていました。一家が生活をしていたのは広島の可部《かべ》(現在は広島市安佐北区)です。原爆が投下された直後に、父と母は勤労奉仕で爆心地に入り死体処理をしました。私も負傷者の看護や食事の世話のために、三〇人の級友と一緒に動員されたんです。母はその翌年に死亡し父も続くように亡くなったため、残された七人姉妹の生活は困窮しました。結婚したのは一九五一年で、一九七四年に夫とともに帰国しました。ですが広島市大洲《おおず》町で被爆していた夫は、一九九八年に食道がんで亡くなりました。日本にいる三人の姉妹は、『手帳』をもらい手当を受けてきたそうです」

沙里院市の西側に位置する載寧郡《チェリョングン》から、三人兄弟が沙里院までやって来た。広島への原爆投下の時、一家は市内の宇品《うじな》で暮らしていた。李道順《リドスン》さん(一九三九年生まれ)は自宅の中で、李元鎬《リウォンホ》さん(一九四三年生まれ)は病院へ向かう母親の背中で被爆。李在鎬《リジェホ》さん(一九四六年生まれ)は、母親の胎内で被爆した。一家は一九六〇年に朝鮮へ。三人とも心臓病などで苦しんでいるという。結婚していたために日本へ残った長女は「手帳」を取得している。

沙里院市の後、南浦《ナムポシ》市へ向かう。平壌市から南西に約五〇キロメートルの港湾都市だ。ここで被爆者と会う日本人は私が初めてとのこと。金満玉《キムマンオク》さん(一九四四年生まれ)は一九六〇年に帰国。今でも流暢な日本語を話す。被爆した時のことは、両親に後から聞かされた。

「広島の古市(現在は広島市安佐南区)にある親戚の家に、一家で居候をしていました。八月六日、真っ黒なキノコ雲が沸き上がるのを見た母は、私をおぶって山へ逃げました。そこで油の塊のような死の灰を浴びたそうです。動員された父は、運ばれて来るたくさんの死体を大きな寺で火葬しました。死体と

被爆者の朴文淑さん（左）と李桂先さん

いっても、まだ息のある人もいたそうです。そして母も、私をおぶったままで負傷者の看護や包帯の洗濯をしました。一九六〇年に、朝鮮総連の活動家の父だけを残して一家で帰国しました。父の帰国は一〇年以上経ってからです。その際に父は、無償治療を受けられる祖国では必要ないとして、取得していた『手帳』を捨ててしまったんです」

沙里院市と南浦市で会った被爆者たちの多くは、親や兄弟が「手帳」を取得している。それが〝被爆の証〟となって、本人も申請すれば認められる可能性は高い。朝鮮にはそうした人が、少なくとも八人いるという。

## 被爆者が望むのは医療支援

現在、朝鮮で「手帳」を持っていることが判明しているのは、長崎で被爆した朴文淑《パクムンスク》さん（一九四三年生まれ）。被爆者協会の副会長を長らく務めており、一九九二年に「原水爆禁止世界大会」参加のために日本へ行った際に交付を受けた。

私が朴さんから最初に話を聞いたのは一九九八年で、その後は頻繁に会っている。近年はいつも顔色が悪く、「毎月一～二回の心臓発作を起こし、病院へ運ばれている」という。

「広島で被爆した李福順《リボクスン》さんに会いに行くと、毛細血管が破裂して顔が腫れていました。『日本から謝罪と補償を受け、被爆二世のことも解決して欲しい』と言われました。それを聞いた三日後に、亡くなったんです」

この話は朴さんから何度も聞かされている。よほど無念なのだろう。

李桂先《リゲソン》さん(一九四一年生まれ)とも何度か会っている。私が監督したドキュメンタリー映画『ヒロシマ・ピョンヤン』(二〇〇九年公開)は、李さんと広島で暮らす母親を通して在朝被爆者の歴史と現状を描いている。胃腸や胆嚢《たんのう》・膵臓《すいぞう》が悪い李さんは、私と会うために点滴を受けてきたという。

李さんは、母親に連れられて行った広島で入市被爆。母親が一九七八年に「手帳」取得をした際の提出書類に同行者として名前が明記されているため、「手帳」交付の条件を満たしている。二〇〇六年にインタビューした時に、「広島で被爆した証として『手帳』が欲しい」とはっきりと語った。

二〇〇七年一一月、日本政府は朝鮮への制裁下でも李さんの入国を人道問題として例外的に認めることになり、渡航費用の負担を検討する考えまで表明した。ところが、李さんの付き添い人の入国に難色を示し来日は実現しなかった。

二〇一五年五月、李さんと朴文淑さんに会った。その時、李さんは次のように語った。

「私たちが死ぬのを待っているような日本政府には、もう何も期待をしていません!」

それを横で聞いていた朴さんが、畳み掛けるように語る。

「長らく多くの日本人に働きかけてきたものの、日本政府は何もしませんでした。今では、こちらから何か要求する気はありません」

日本政府の在朝被爆者に関する今までの動きは極めて少ないものの、着実に進んだ時期がある。一九九〇年から、原水爆禁止世界大会などへ参加する在朝被爆者の入国を、数度にわたって許可。二〇〇〇年三月には小渕恵三首相が、来日した朝鮮被爆者実務代表団と会う。その際、「今世紀に起きたことは今世紀中に片をつけたい」として、この問題の早期解決の必要性を認めた。

二〇〇一年三月には、外務省・厚生労働省による日本政府調査団を平壌へ派遣。その結果、日本政府は被爆者の実態把握後に援護内容を検討することになる。そして二〇〇三年一〇月、衆議院厚生労働委員会で在朝被爆者への対応を問われた坂口力厚生労働大臣は「被爆者の問題は国と国ではなく、日本と被爆者の問題」と答弁。国交がなくても、在朝被爆者への援護が実施可能であることを示した。

ところが二〇〇二年九月の日朝首脳会談で「日本人拉致」が明らかになったことなどで、日朝関係は悪化。二〇〇六年一〇月には、日本政府は朝鮮への制裁を発動。こうしたことで、日本政府の在朝被爆者に対する動きは完全に止まってしまった。

私が朝鮮で会った被爆者は二〇人。どの人も、朝鮮へやって来た日本の民間団体や政府調査団にさんざん話をしたにもかかわらず、何一つ変わらなかったという失望感が強い。結果として、日本に大きな期待を持っていた在朝被爆者たちは翻弄されることになった。

朝鮮の被爆者だけが、日本政府からの補償や援護を何も受けていない〝棄てられた被爆者〟になっている。在朝被爆者を放置し続けているのは、怠慢というより犯罪である。

朝鮮では医療費は無料。しかし長期の制裁を受けていることもあり、慢性的に医薬品は不足し病院や医療機器の老朽化が進む。こうした状況に対し、日本政府は在朝被爆者への速やかな医療支援をまず実施すべきだ。

## 侵略の実態を示す「慰安婦制度」

日本はアジア太平洋戦争を遂行するため、植民地支配をしていた朝鮮から膨大な数の青年を本人の意思に反して連行。その中には、日本軍専用の性奴隷にされた女性(以下、被害女性)たちがいた。この日本軍による「性奴隷制度」は、女性差別と民族差別が根強くある日本社会の中から必然的に生み出された。「内鮮一体」(日本と朝鮮を一体化しようという同化政策のスローガン)を掲げていた朝鮮で多くの女性を性奴隷にしたことは、日本による朝鮮植民地政策の暴力性と非人間性を具現したものである。

日本による植民地支配と侵略における加害の実態をアジア諸国で取材してきた私は、いつかは被害女性から体験を聞きたいと思っていた。

一九九一年八月一四日、韓国で金学順《キムハクスン》さん(一九二四年生まれ)が被害を名乗り出た。私はすぐにソウルへ飛んで行って話を聞いた。それからは日本軍によって性奴隷にされた女性たちを、韓国・台湾・フィリピン・インドネシアなどで次々と取材。その人数は約九〇人になる。朝鮮では、一九九二年八月から被害女性の取材を始めた。

朝鮮において名乗り出た被害女性は二一九人で、そのうち名前と顔を明らかにしたのは四六人。だが

日本軍の「慰安所」へ連行された郭金女(カク・クムニョ)さん

すでに、これらの女性は全員が死亡してしまったという。私は一九九二年から二〇〇二年までに一四人を取材。証言を収録したビデオ映像は、今では歴史的に貴重な記録となった。なお韓国では二六人を取材している。

日本政府は一九九五年から、アジア諸国の被害女性たちに「女性のためのアジア平和国民基金」の事業を実施。国家による補償ではなく、民間から集めた金を支給した。私は事業の構想段階から強く反対。多くの被害女性の話を聞く中で、彼女たちが求めているのは金銭ではなく、加害者である日本政府による心からの謝罪と補償であるとわかっていたからだ。

結局、この事業は韓国などの被害女性たちに大きな混乱をもたらして二〇〇七年に終了。こうした事業ではあったが、日本政府は被爆者への援護と同じように朝鮮だけを除外した。国交のない台湾でも実施しているので、日本と〝敵対〟していることがその理由であるとしか考えられない。

## 知られざる被害体験

のぞいていたビデオカメラのファインダーの中の鄭玉順《チョンオクスン》さん（一九二〇年生まれ）が、ソファーから立ち上がってこちらへやって来るのが見えた。椅子に腰かけている私の腕をつかみ、怒鳴るように大きな声で話し続ける。目の前にいる日本人が、自分に虐待の限りをつくした日本兵と重なって見えたのだろう。

「私の故郷は、咸鏡南道豊山郡《ハムギョンナムドプンサングン》（現在は両江道金亨権郡《リャンガンドキムヒョングォングン》）把撥里《パパルリ》です。一九三三年六月三日、井戸で水を汲んでいたところ、いきなり後ろから髪の毛を強く引っ張られました。制服を着た三人の男に、把撥里の駐在所へ連れて行かれたんです。ここで汚い布を口に押し込まれ、強姦されました。それから一〇日後、恵山《ヘサン》の日本軍守備隊へトラックで連行されると、大勢の女性が各地から集められていました。ここで、一日に約四〇人もの兵隊の相手をさせられる時もあり、子宮からは血が流れ出したんです」

鄭さんの記憶はしっかりしており、休むことなく話し続ける。

「八月二七日のことです。『一日で兵隊一〇〇人の相手ができるのは誰か！』と刀を下げた兵隊が言いました。手を上げなかった一五人の女性は、見せしめとして殺されたんです。裸にした女性の頭と足を兵隊たちがつかみ、一面に釘を打った板の上を転がしました。血が噴き出し、釘には肉片がこびりついていました。そして兵隊は私たちを木刀で叩き、切り落とした女性の首を釜で煮た汁を無理やり飲ませたんです」

今まで多くの被害女性から日本軍の残虐行為を聞かされ、物を投げつけられたこともあるが、鄭さんのリアルで詳細な話に私はすっかり滅入った。質問もできず、大きなため息ばかり出る。驚くべき話は

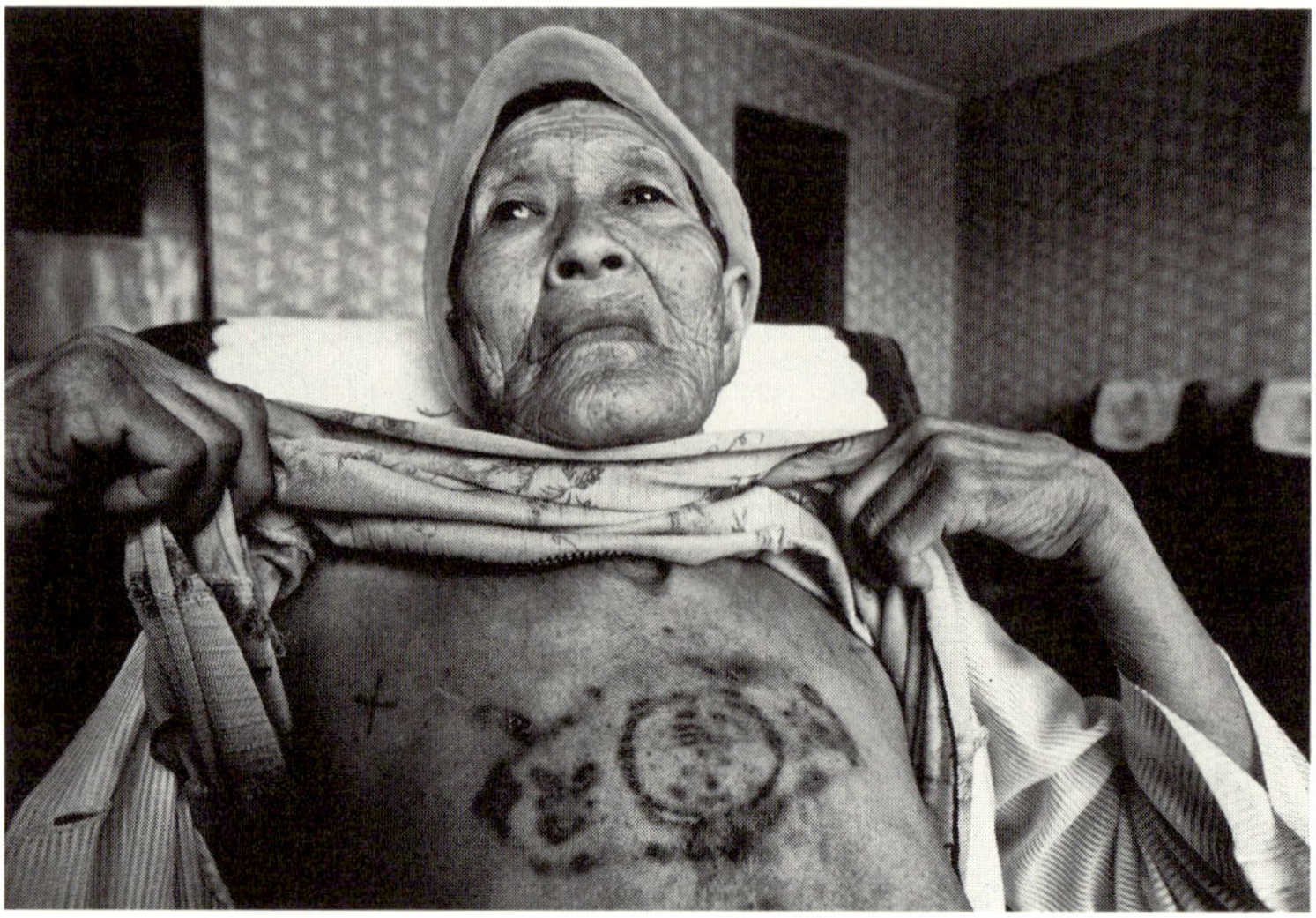

鄭玉順さんの胸・腹・背中に，落書きのような入れ墨がある

続く。

「私たちは何度か移動させられ、一九三五年九月に中国の広州へ着きました。翌年六月に、私を含め一二人で逃げ出しましたが、二日後に全員が捕まってしまいました。鉄の棒で頭をめった打ちにされ、その後は水拷問でした。口に押し込まれたホースで水が注ぎ込まれ、膨れ上がったお腹を兵隊が踏みつけたんです。次に、針がたくさんついたこぶし大のものに墨を付け、私たちの口をこじ開けて強く押し込みました。私の前歯は折れ、激しい痛みで気を失ったんです」

鄭さんの舌と唇には、その時の斑点がある。それだけでなく、全身に入れ墨が残る。兵隊たちは女性たちを殺す前に、体に落書きをしたのだろう。

女性たちは馬車に積まれて運ばれ、野原に捨てられた。そのようすを、地元の中国人が見ていた。彼は日本兵が立ち去ると、息のあった二人の女性を運び出し、二カ月間ほど介抱。鄭さんは奇跡的に生き残ったのである。鄭さんは七八歳で死亡するまで、頭の傷を隠すためにベールを被り、全身に入れられた忌まわしい入れ墨と向き合いながら暮らした。

被害女性の体験内容を、朝鮮と韓国とで比較してみた。すると朝鮮の女性たちは、将兵たちから極めて残忍な扱いを受けている人が多い。それは朝鮮半島南側からの連行先である「南方」や台湾・日本と状況が異なっていたからだろう。北側からおもに連れて行かれた中国の東北地方などは、戦闘が多くて将兵たちの精神がすさんでいたと思われる。

被害女性たちの証言内容の信憑性を問う声が、日本社会にはある。もちろん、過去に起きたことについての証言をすべて資料で裏付けることは不可能である。だが、鄭さんへのインタビューは一九九八年五月で、その年の一二月に死亡している。それは他の女性も同じような状況で、自らの被害を歴史に残すために証言しているのだ。記憶違いはあるだろうが、死を意識した人が作り話をする必要があるだろうか。

## 今も残る「慰安所」の建物

日本軍将兵のための「慰安所」は、軍事占領した国だけではなく植民地支配する朝鮮や台湾と、沖縄など日本国内にも設けられた。朝鮮半島で「慰安所」の建物が初めて確認されたのは、咸鏡北道清津市《ハムギョンブクドチョンジンシ》青岩区域芳津洞《パンジンドン》。ここは羅先《ラソン》経済特区の南隣で、ロシア・中国との国境にも近い。

植民地時代の芳津は約一五〇世帯の寒村だった。芳津から約一キロメートル離れた輸津《ユジン》港には、海軍基地「羅津方面特別根拠地隊」が置かれ、芳津にも海軍施設がたくさんあった。一九三五年から「銀月

芳津の海軍「慰安所」だった建物

元「慰安所」内の当時のままの部屋は崩壊寸前

楼」と「豊海楼」という名の海軍が管理し民間人が運営する軍人・軍属専用の「慰安所」と、軍医が女性たちの性病検査をする建物が造られた。

私がここを、外国人として初めて取材をしたのは一九九九年七月。この「慰安所」の建設や運用などについて、何人もの住民が詳細に語ってくれた。銀月楼と呼ばれた「慰安所」は、解放後は芳津診療所として使うために手入れされてきたので、外観と内部の多くは建設時とほとんど変わっていない。私は診療所の職員にも手伝ってもらい、計測して平面図を作成。内部は、廊下の両側に同じ大きさの小部屋がたくさん並ぶという構造になっている。女性一人に与えられた部屋は、奥行き二・六メートル、幅一・八メートルという狭い空間だった。住民たちの話を総合すると、銀月楼には朝鮮人ばかり一五人ほどがいたという。

解放前から現在まで芳津で暮らしてきた南亀憲《ナムグヒョン》さん(一九二二年生まれ)が、共同墓地へ案内したいという。集落の中を通り抜け、小高い丘をどんどん登っていく。小雨が降り続いているため足元がかなり悪く、私の荷物を何人もが手分けして持ってくれる。集落が見渡せる場所まで行くと、南さんが草むらの一角を指さす。この場所に「慰安所」にいた一人の女性を埋葬したというのだ。よく見ると、ほとんど崩れた土饅頭がある。南さんがこの墓について語り始める。

「一九四三年のある日の朝、自宅近くにある郷斗幕《ヒャントゥマク》の前を通りかかると、叺《かます》に包まれた女性の遺体が置かれていました」

この「郷斗幕」というのは、遺体を載せて墓地まで運ぶ道具を置いていた場所のことだという。

「その遺体は銀月楼にいた女性で、時々見かけることもある南春子《ナムチュンジャ》でした。ひどいアザが全身にありました。私と同じ姓でもあるので可哀そうに思い、住民たちとともにここへ運んで埋葬したんです」

私は二〇一五年六月に、芳津を一六年ぶりに再訪した。銀月楼だった診療所は外観の変化はあまりないが、使っていない部屋の天井は崩れていた。このままでは倒壊するのは時間の問題だろう。

銀月楼の向かいにあった軍医が性病検査をした建物と、少し離れた場所に残っていた豊海楼跡はトウモロコシ畑になってしまった。歴史的に貴重な証拠が失われたのは、実に残念である。そして、この芳津の「慰安所」についてくわしく説明をしてくれた目撃者たちは、すでに亡くなっていた。もはや、当時の具体的な状況を知る人は誰もいない。

## 大規模な陸軍「慰安所」

清津市の南に位置する羅南《ラナム》区域に陸軍の「慰安所」地区が見つかったと聞き、そこを訪ねたのは二〇〇二年八月。この場所も、解放後に入る日本人は私が初めてだという。

日本は朝鮮支配のために「朝鮮軍」を編成し、羅南に第一九師団、京城《けいじょう》（現在のソウル）に第二〇師団を置いた。第一九師団の将兵は一万五〇〇〇〜二万人と思われる。羅南は軍の施設が市街地のほとんどを占め、文字通りの軍都だった。その郊外の、小高い山と鉄道の高架に四方を囲まれた豊谷洞《ブンゴクドン》に「美輪の里」が造られた。

京都市在住の男性（一九二九年生まれ）の両親は、羅南でリンゴ園を経営していた。当時の「羅南市街図」に記されている「美輪の里」のすぐ隣の「リンゴ園」がその場所だという。この男性は、そこで一九四一年から四年間暮らし、敗戦によって日本へ引き揚げた。私は、二〇一五年に羅南を再訪する前に

鉄道高架からの羅南「慰安所」地区の全景

話を聞きに行った。

「私は子どもでしたので『美輪の里』の中を自由に行き来していました。日曜日になると、道路が兵隊でいっぱいになったほどです。ここは軍人のための慰安所というかね。民間人が使うことはなかったですよ」

「美輪の里」は、民間人が経営して陸軍が管理した「慰安所」地区なのである。二〇〇二年の取材時には、当時のようすを知る人たちが集まってくれた。すぐ近くに住んでいた人、日本軍兵士として中のようすを見た人、花売りや新聞配達のために出入りしていた人などだ。その人たちの話を総合すると、十数棟の「慰安所」に朝鮮人と日本人を合わせ約一二〇～二〇〇人弱の女性がいた。そのうちの朝鮮人を約六〇人とする日本の文献もある。

朴昌龍《パクチャンリョン》さん（一九二五年生まれ）の自宅は、ここから約五〇〇メートル離れた所にあった。

「（地区の）入り口にあった派出所にはいつも七～

八人の警察官がいて、馬に乗った憲兵が中を巡回していましたよ。民間人は入れませんでしたが、ここで雑用をする子どもたちの出入りには制限がありませんでした」

朴さんは、足が悪いにもかかわらず鉄道高架の土手を駆け上がった。そこからは地区のようすがよくわかる。まっすぐに伸びた道路の両側に建物が並ぶ。一棟を除き、建て替えられているという。朴さんは、杖でレールを指しながら話し始めた。

「女性たちは食べ物もろくに与えられず、兵隊に反抗すると殴られたんです。犬よりもひどい扱いを受け、自殺する人が出ました。この場所で、そうした女性たちが列車に飛び込んだんです。私が知っているだけでも二〇人はいます。住民たちはここを〝自殺線路〟と呼んでいました」

陸軍二等兵だった崔孝惇《チェヒョスン》さん（一九二五年生まれ）は次のように語る。

「私は上官が親しくしている女性への連絡を頼まれ、ここへたびたび出入りしていたんです。どの『慰安所』も玄関を入ると受付けがあり、壁には女性たちの写真が貼られていました。廊下の両側に部屋が並んでいて、各部屋の前には番号が付けられていました。一部屋の広さは幅一・五メートル、奥行きが二メートルくらいですかね。部屋には、薄い布団一枚と洗面用具や化粧品がありました。女性たちが着ていたのは簡単服（ワンピース）です。週に一回、軍医がやってきて性病検査を行なうだけでなく、女性たちの方から病院へ行くこともありました」

休日には、たくさんの兵隊たちがやって来たという。順番を待つ兵隊が「まだか！」と部屋の中に向かって叫ぶと「ちょっと待て！」という声が聞こえた。忠清道《チュンチョンド》出身の「モモ子」という二七歳の女性は朝鮮人の崔さんに、「梅毒に罹るし、こういう所へ来ないで」と泣きながら懇願したという。崔さんの話は続く。

「日曜日になると、日本人の兵隊たちから『慰安所』へ行こうと誘われるんです。私が断ると『バカ野郎！　お前は朝鮮人だから行きたくないのか』と言われて殴られたんです」

二〇〇二年に一棟だけ残っていた「慰安所」の建物は、二〇一五年もそのままだった。今もこの建物には住民が暮らしていて、庭にはトウモロコシなどがびっしりと植えられている。

朝鮮の最北端にある羅先特別市。二〇一五年に、ここの「人民委員会」が、羅津《ラジン》地区安和洞《アンファドン》に残る「慰安所」跡へ案内してくれた。地元では、以前から存在が知られていたという。

車から降りると、この近くで暮らしているという金明姫《キムミョンヒ》さん（一九四八年生まれ）が、孫を伴って待ち構えていた。小高い山の斜面の細道を、二人はどんどん登って行く。市街地を見下ろす傾斜地に、コンクリート製の建物の基礎部分だけが畑の中に残る。簡単に撤去できないくらい、かなり頑丈に造られている。金さんは、亡くなった父親から聞いたことを話し始めた。

「この建物のすぐ下に日本軍将校の住宅地があって、そこから将校たちが階段を上がって来たそうです。朝鮮戦争での米軍の爆撃で、建物部分が失われました」

建物中央にコンクリート製の廊下があり、その両側に同じ広さの小部屋が並んでいるのがはっきりと分かる。直線距離で約一三キロメートル離れた芳津の「慰安所」と、極めて似た構造である。この近くには他にも「慰安所」があったという。この独特な構造の日本家屋跡が「慰安所」だった可能性はかなり高い。だが目撃者はもういないため、これ以上のことはわからない。金さんは次のように語る。

「父親は、日本の罪悪を忘れないためにこの『慰安所』跡を後世に残すべきだと言い続けていました。

私も、子や孫にここの話をしています」

芳津と羅南に残る「慰安所」だった建物の風化は進み、撤去されてしまったものもある。このことについて、咸鏡北道人民委員会対外事業局の二人から話があった。韓成虎《カンソンホ》課長は率直に語った。

「朝鮮は日本に対し過去の清算を要求していますが、日本による加害の歴史の証拠である『慰安所』の保存に関心を持たずにいました」

日本は敗戦後生まれが八〇パーセントを超えたが、朝鮮でも植民地支配を知らない人が増えている。尹国燮《ユングクソブ》副局長もそうした世代だ。

「今まで、性奴隷被害者のことにそれほど関心はありませんでした。今回、伊藤先生の取材を受け入れるため、芳津と羅南の『慰安所』へ初めて行き、その実態を知りました。日本との間で、こうした不幸な歴史が再び繰り返されないように願っています」

## 過去の清算と国交正常化

アジア太平洋戦争の終了後、東アジアでの覇権を得ようとする米国の戦略によって、被害国への日本の賠償額は低く抑えられ、日本の戦争責任は厳しく問われなかった。そのため日本政府と日本人は、アジアへの植民地支配と侵略に対する明確な反省をせずにきてしまった。その結果、日本社会に民族排外主義が再び蔓延しつつある。

戦後の日本外交での最大の失敗は、日本が植民地支配や侵略をした国々へ不完全な戦後処理をしたことである。例えば、韓国とは一九六五年六月に日韓基本条約を締結し、日本は韓国に三億ドルの無償供

「平壌六月九日龍北高等中学校」での歴史の授業

与・海外経済協力基金からの二億ドルの貸し付け・三億ドル以上の民間借款を実施。日本政府はこのことをもって「両国間の請求権は完全かつ最終的に解決」として、韓国人被害者たちからの要求をすべて退けてきた。

日本からさまざまな被害を受けたアジア諸国の人々は、数多くの訴訟で明確な謝罪と補償を求めたもののことごとく退けられた。そのため日本政府は「解決済み」に固執することになり、韓国や中国などとの歴史認識の溝は埋められず、関係改善はいつまでたってもできずにいる。

平壌市内にある「平壌六月九日龍北《リョンブ》高等中学校」を訪ねた。学んでいるのは一四〜一六歳。歴史の授業をしている教室へ入ると、「日帝の朝鮮占領と反日義兵闘争・愛国文化運動」とホワイトボードに書かれている。授業後、生徒たちに話を聞く。

「日本は、朝鮮人の名前と文字を奪ったあくどい侵略者であることがわかった」と女子生徒。「大変残念なことだが、日本は目的を達成するにはいかなる行為もいとわない勢力」と男子生徒が語る。韓懲《ハンウン》姫《ヒ》先生にもインタビューをする。

「日帝の朝鮮侵略を教えるカリキュラムは、三年間で三三時間です。新しい世代は、植民地支配について肌で感じることがまったくないため、すぐには理解できないこともあります。そのため、当時の品物や写真が展示されている朝鮮革命博物館などへも連れて行きます」

長い時が過ぎ体験者が亡くなるにつれ、歴史的事実は風化する。加害の側はその歴史を歪曲して美化し、戦争への道を再び歩もうとすることもある。一方の被害を受けた側は、体験の継承を繰り返すうちに、簡略化だけでなく誇張してしまう危険性を持つ。両者の関係改善が遅くなればなるほど、和解はより困難になるのだ。

日本が朝鮮半島を実質的に支配した四〇年間とその終焉からの七〇年間以上の、合わせて百十数年もの間、隣国・朝鮮との関係は不正常のままだ。日朝間の最大の課題は、植民地支配の清算である。二〇一四年五月の日朝ストックホルム合意で、日本政府は次のように表明した。

「北朝鮮側と共に、日朝平壌宣言に則って、不幸な過去を清算し、懸案事項を解決し、国交正常化を実現する意思を改めて明らかにし、日朝間の信頼を醸成し関係改善を目指すため、誠実に臨むこととした」

日朝国交正常化が実現したならば、東アジアに絶対的な安定と平和をもたらすだろう。

私が朝鮮で今までに会った被害者や目撃者の多くは、すでに亡くなってしまった。だがそうした人が一人もいなくなったとしても、日本は自らの〝負の歴史〟と正面から向き合わなければならない。そのことは被害者たちのためだけではなく、再び他国を侵略しない日本にするには必要なことである。

# 第Ⅲ部

# 朝鮮の中の〈日本人〉

「咸興にじの会」の残留日本人・荒井琉璃子さん(前列中央)と日本人妻たち

# 第7章　朝鮮に眠り続ける骨――日本人遺骨は語る

## 協同農場の指揮者の叱責

「自分の祖先であっても、そのようにするのか！」と、作業を指揮する小柄な男性が怒鳴った。一人の農場員が、畑の中から掘り出した小さくて茶色の塊を丁寧に扱わなかったからだ。

ここは朝鮮の咸鏡南道定平郡《ハムギョンナムドチョンピョングン》にある富坪《プピョン》協同農場。この場所へは、平壌を車で出発し、咸興《ハムフン》に一泊してやって来た。古くて大きな建物の前で車を降りる。これは劇場のようだ。日本が朝鮮を植民地支配していた時には、この場所に九棟の陸軍演習兵舎があったという。日本敗戦後の一九四五年一二月、その建物に日本人の避難民三二八二人が収容された。

緩やかな起伏が続く丘には、トウモロコシ畑がどこまでも広がっている。住民たちはこの丘を「墓の丘」と呼んできたという。近年、この場所で灌漑工事を始めたところ、人骨やボタンなどが出てきたことから、死亡した日本人避難民の集団埋葬地ではないかとの疑いが出た。この場所は、朝鮮からの引揚げ者が作成した埋葬位置の地図とも合致する。

その調査のために二〇一二年九月、朝鮮半島北側からの引き揚げ者とメディアなど三〇人ほどが日本からやって来た。彼らが食い入るように見守る中を、日焼けしてたくましそうな二〇人ほどの農場員がシャベルで畑を掘っている。穴の中からは、すっかり土色へと変わった遺骨が次々と取り出される。埋

富坪協同農場でトウモロコシ畑を掘る農場員

葬状況が確認できたところで、引き揚げ者らが焼香して冥福を祈る。朝鮮の、しかも平壌から遠く離れた農村で、地元の人たちが取り囲んで見守る中を正装した日本人僧侶の読経が流れる。実に不思議な光景だ。

この富坪だけでも、一四三二人の日本人が埋葬されている。朝鮮の各地には、多くの日本人の遺骨が今も眠る。一九四五年八月から朝鮮半島北側で始まったソ連(ソビエト連邦)による管理の下で死亡した人たちだ。

## シベリアの傷病兵を朝鮮へ

野口富久三さん(一九二四年生まれ)の自宅を訪ねたのは二〇〇六年一〇月。当事者にとっては忘れてしまいたい体験であっても、埋もれている歴史を掘り起こす時にはいつも興奮を抑え切れない。

一九四四年一二月、野口さんは、日本の傀儡国家・満州国(現在の中国東北地方)の部隊に配属された。

通信兵であるにもかかわらず、爆弾を背負って敵の戦車に飛び込むという訓練も受けた。

一九四五年八月八日、ソ連は日ソ中立条約を一方的に破棄して日本へ宣戦布告をした。一〇日には、当時のモンゴル人民共和国(現在はモンゴル国)も宣戦布告し、ソ連極東軍とともに日本軍を攻撃。その時、中国東北地方などに駐屯していた日本陸軍の関東軍は、精鋭部隊を南方戦線へ移していたため、押し寄せた一五八万人のソ連軍の前に総崩れとなった。

野口さんの部隊は、ソ連軍によって八月一九日に武装解除を受けて列車に乗せられる。

「『トウキョウ・ダモイ』(日本へ戻すという意味)と言われたものの、着いたのはバイカル湖の北西にあるチュレムホーボ収容所でした。ここには、露天掘りの炭鉱があったんです」

朝鮮半島北側で、ソ連軍の捕虜となった日本人は約七万六〇〇〇人。将兵だけでなく、警察官・刑務官・在郷軍人や、民間人の行政官幹部も含まれていた。捕虜収容所は、平壌近郊の三合里《サムハムリ》・美勒洞《ミルクドン》・秋乙《チウウル》、地方の古茂山《コムサン》・富寧《プリョン》・五老里《オロイ》・咸興・興南《フンナム》・宣徳《ソンドク》・富坪に設置された。

この朝鮮半島北側を含め、中国東北地方やサハリン(樺太)・千島で捕虜になった日本軍将兵に、冷酷で非人道的な扱いが待ち受けていた。八月二三日にソ連の最高指導者スターリンは、日本軍捕虜を移送するための指令を出す。

シベリアへ五六万一〇〇〇人、モンゴルへ一万四〇〇〇人の将兵が送られたのである。そのうち朝鮮半島北側からは、九月末から翌年八月にかけて約六万六〇〇〇人が移送。なおシベリアへは、日本軍部隊にいた数千人の朝鮮人や、サハリンで日本軍憲兵隊に「召集」された先住民族のウィルタとニブヒの五六人も送られている。

捕虜たちは約二〇〇〇カ所の捕虜収容所に分散収容され、鉄道・道路建設や森林伐採といった労働をさせられる。厳しい寒さと飢えの中での過酷な労働により、約五万五〇〇〇人が死亡した。

次にソ連軍は、栄養失調などで働くことができなくなって邪魔になった捕虜を、ソ連軍管理下にある朝鮮半島北側へ二万七〇〇〇人、中国東北地方へ約一万五五五〇人を再び移送したのだ。その際、数日間の旅に耐えることのできる者だけが選ばれ、助かる見込みのない重症者は除外された。労働力にならないと判断したのであるなら日本へ帰国させればよいにもかかわらず、自らの管理下に留め置いたのはまったく非人道的な措置である。

野口さんが働かされた収容所は、屋外は氷点下四〇度という寒さ。野口さんは理髪という屋内作業にもかかわらず、栄養失調で次第に衰弱。一九四六年六月の身体検査で「病弱者」とされた。

「各収容所から二〇～三〇人が列車に乗せられ、ポシェト港へ着きました。『トウキョウ・ダモイ』とソ連兵から再び言われましたが、船から見える山が岩だらけなのでおかしいと思ったんです。着いたのは清津《チョンジン》でした」

朝鮮半島北側へ送られた傷病兵は、清津港から上陸。そして一九四六年六月上旬から七月中旬にかけて、古茂山の捕虜収容所に二万四〇〇〇人が入れられた。野口さんは、そこでの悲惨な状況を次のように語る。

「私が最初に収容されたのは防空壕で、後に小野田セメントの社宅へ移りました。医薬品がないため、下痢をした人に衛生兵は炭を潰して飲ませていました。草まで食べて飢えを凌いだものの、仲間は次々と死んでいったんです。死者は古茂山駅の裏にある小高い丘に埋葬されました」

古茂山に残る日本時代の小野田セメントの社宅跡

捕虜たちは栄養失調だけでなく、赤痢・コレラ・結核の感染によって次々と死亡。一日に七二人も埋葬されたことがあるという。また一〇月末には土地が凍結して墓穴を掘ることができなくなったため、遺体はテントの中に仮置きされた。

古茂山の収容者があまりにも多いため、隣接する富寧へ二〇〇〇～三〇〇〇人、三合里へ約七五〇〇人、興南へ約五〇〇〇人が移送された。野口さんは興南へ送られ、一二月に日本からやって来た帰国船に乗ることができた。

野口さんの話を聞いた私は、すぐに朝鮮へ埋葬地の取材申請をした。だが、二〇〇六年当時の最悪な日朝関係の中で、実現は不可能との返事がきた。この時は、六年後にこの問題が大きく動くとは思ってもいなかった。

**悲惨な満州からの避難民**

日本は第一次世界大戦後、アジア太平洋諸国を植民地にするなどして次々と支配し、軍隊だけでなく民間人も送り込んだ。アジア太平洋戦争の敗戦時、それら地域の日本人は将兵と民間人を合わせて約六六〇万人にもなった。そのうち朝鮮半島で暮らす日本人は、もっとも多い一九四二年には約七五万三〇〇〇人だった。

日本敗戦で、朝鮮半島北側にいた日本の民間人は将兵よりも悲惨な状態に置かれた。ソ連軍は、咸鏡北道羅《ハムギョンブクドラ》津《ジン》を八月八日に爆撃。そして一三日には清津へ上陸し、日本軍との激しい戦闘を行なった。

ソ連軍から逃れるため、咸鏡北道など朝鮮半島北側にいた日本の民間人と一部の将兵は、南へ向かって陸路での避難を開始。また中国東北地方からは、約一〇万人もの民間人が朝鮮半島へ逃げ込む。ただ、それからの朝鮮半島北側での避難生活があまりにも過酷だったため、中国東北地方へ戻った人たちも多い。

避難民のうち、一気に南下することができてすぐに日本へ帰国した人たちもいた。だがソ連軍は、一九四五年八月下旬には米軍支配の朝鮮半島南側との境界線である北緯三八度線を封鎖。米国との対立が、深まっていったからだ。北側から南側へ出ることは、次第に困難となる。

避難民たちは、咸興・興南・元山《ウォンサン》や平壌などで、悲惨な生活を強いられることになった。中国東北地方の奉天(現在の瀋陽)で暮らしていた滝沢真紗子さん(一九三〇年生まれ)は、現地召集された父親を残して一家六人で避難。

「平壌まで来たところで列車から降ろされました。二人の祖母は体力が落ちていき、一〇月末に次々と亡くなったんです。食糧事情は次第に悪くなり、コウリャンの薄いお粥が朝晩にしか配給されなくなりました。肺炎にかかった母親は、一九四六年の元旦に冷たくなっていました。ガリガリに痩せていた妹は、その二週間ほど後に死亡。人の死を何とも思わなくなるほど、あまりにも多くの人が次々と亡くなったんです」

民間人死亡者の約九〇パーセントが、中国東北地方と咸鏡北道などからの避難民だった。真夏の八月に着の身着のままで脱出したため厳しい寒さに耐えられず、それに加えて栄養失調で冬を越すことができなかった人が多い。

死亡者は、収容施設の近くや朝鮮人の共同墓地など、厚生労働省によれば七一カ所に埋葬された。極限状態での避難生活の中で、子どもを死なせないために朝鮮人へ託した人たちもいる。また、家族とはぐれてしまい、朝鮮人に助けられた子どももいる(第8章参照)。

一方、朝鮮半島南側を占領・管理した米軍は、日本人の強制的な早期引き揚げを指示し、積極的な輸送活動を行なった。その結果、一九四五年一一月までに将兵一七万六〇〇〇人の大部分と、一二月までに民間人約四七万人が日本への引き揚げ船に乗った。

## 決死の三八度線突破

朝鮮半島北側の日本人たちは、一九四六年二月末頃から集団で大変な苦労をして南側への脱出を開始。平壌で暮らしていた長尾周幸《かねゆき》さん(一九三〇年生まれ)は、その時のことを振り返る。

「昼間は隠れていて夜中に歩き、六月三日に三八度線を越えました。一〇〇人ほどの集団の中には、大雨に打たれた赤ん坊が母親の背中で冷たくなっていたり、遺骨や位牌の入ったリュックサックを盗まれたりした人もいたんです」

ソ連と米国との協議によって、朝鮮半島北側にいる日本人の正式引き揚げが発表されたのは一九四六年一〇月下旬。将兵は約二万二〇〇〇人が残っていたが、民間人は約八〇〇〇人しかいなかった。すでにほとんどが決死の覚悟で北緯三八度線を突破し、南側を経由して帰国した後だった。まだ残っていた民間人は、朝鮮人と結婚していた人や、発電所・製鉄所などに必要な技術者、朝鮮独立運動を弾圧したことによる受刑者などである。

引き揚げ事業は一九五六年四月に終了した。厚生労働省は、朝鮮半島北側からの日本人引き揚げ者は民間人が二九万七〇〇〇人、将兵が二万五〇〇〇人と発表している。そして死亡した日本人は民間人約二万四〇〇〇人、将兵約一万六〇〇〇人の合計三万四六〇〇〇人とする。しかし死亡者数は、実際にはもっと多いと思われる。「未帰還者届」が家族から出されていない民間人死亡者は約五〇〇〇人という記録があるのと、戸籍に入れられる前に死亡した子どもたちがいるからだ。それらを考慮すると、死亡者は四万人近いだろう。引き揚げ時に持ち帰られた遺骨は約一万三〇〇〇人分とされており、それ以外は朝鮮の各地に今も残っているはずだ。

ソ連は、朝鮮半島北側にいた日本軍将兵を自国の戦後復興のためにシベリアへ連行。そして、居住していたり避難したりしてきた民間人を、積極的な理由もなく朝鮮半島北側へ留め置いた。にもかかわらず、飢えと寒さで次々と倒れていく日本人に十分な対策を取らず、これほど多くの人を死亡させた。「戦勝国」としての驕りと怠慢が悲劇を招いたのである。

当時、朝鮮半島北側の朝鮮人指導者は、この事態をどのように捉えていたのだろうか。北側から脱出してくる日本人を南側で援護していた「京城《けいじょう》日本人世話会」は、「日本人帰還嘆願書」を持たせた使者を平壌へ派遣。一九四六年六月五日に北朝鮮臨時人民委員会へ直訴した。使者と会ったのは、金日成人民委員会委員長。

「われわれとしても日本人の苦しみは、よく知っている。何とかしてやりたい。とくに日本人の残留は食糧事情にも大きく影響して、むしろ朝鮮の独立に阻害あるくらいだ。しかし現在、独立といっても、すべてソ連軍の指令下にあるので、日本人送還問題も自由にできない。われわれは困窮した日本人の脱出は黙認してきている。(中略)今後、ソ連軍からの特別命令のない限り、日本人の脱出は認めるであろう」(森田芳夫「脱出」『大東亜戦史 第8巻 朝鮮編』富士書苑、一九六九年)

このように語った金委員長の考えはソ連とは異なり、現実と未来を直視していたようだ。

## 極秘交渉の末に墓参が実現

朝鮮半島北側で死亡した人の遺族と引き揚げ者たちは、朝鮮各地の埋葬地への墓参と遺骨収容の実現を長年にわたって日本政府へ働きかけてきた。

一九五六年一月に日本赤十字社の代表団が訪朝。残留日本人の帰国問題とともに日本からの墓参について提起したが、討議にさえ入れなかった。ただ、場所が確認できていた平壌市郊外の龍山《ヨンサン》墓地には訪問できた。一九九九年一二月に訪朝した村山富市・元首相を団長とする超党派の代表団も、墓参の実現を要請したが進展はなかった。

ところが中井洽《ひろし》・衆議院予算委員長(元拉致問題担当相)と宋日昊《ソンイルホ》・朝日国交正常化交渉担当大使が二〇一一年七月から中国で極秘会談を重ね、日本人遺骨問題についても話し合った。これについて日本政府は非公式接触としたものの、二〇一二年一月の会談には内閣の拉致問題対策本部の職員が公務として同行している。

この問題での動きが表に出たのは二〇一二年の四月一六日。宋大使が、日本の元国会議員らによる訪朝団と会食。大使は「よど号グループ」(一九七〇年、ハイジャックにより朝鮮に渡った共産主義者同盟赤軍派の元大学生らとその家族)や日本人妻の里帰りといった、日朝間の課題について次々と見解を表明。それは、今までに何度も聞いている朝鮮の原則的立場だった。それが終わったところで、中井委員長との交渉内容についての質問が出た。するとそれを待っていたかのように、中井委員長と四回の秘密交渉をしたことを認め、日本人遺骨についての話を始めた。

「一九四五年に日本は戦争に負け、ここへ残っていた多くの日本人が死亡しました。その遺骨が、咸鏡北道の清津から平壌に至るまで埋葬されています。最近、都市整備のために道路建設などをしている過程で、そうした墓がたくさん発見されました。その場所は、咸鏡南道の定平・富坪・咸興・興南。そして平壌市付近では、三合里と龍山です。龍山では、数千人分の発掘した遺骨が見つかっています。果樹園や道路の隣、軍事施設の付近などに埋葬されており、いま整理しなければならない所もあります。これをそのまま放置したら、永遠に失われます」

こうした説明に続き「(墓参と遺骨収容は)日本政府からだけでなく民間レベルでの申請でも構わない」との画期的な提案があった。その場でこの話を聞いていた私は、日朝関係がこれで大きく動くかも知れないと思って興奮した。

宋大使の表明から、日本人遺骨問題は驚くべき速度で進展することになる。二〇一二年六月二一日に、龍山墓地と三合里の埋葬地を日本のテレビ局三社に公開。八月九日からはこの問題で日本赤十字社と朝鮮赤十字会の協議が行なわれ、八月二九日からの日朝政府間課長級予備協議へと引き継がれた。

そうした中で次回の政府間協議を待たずに、咸鏡北道などからの引き揚げ者を組織する「全国清津《せいしん》会」が八月二八日から九月六日まで、地方都市を含む五カ所の埋葬地調査のために訪朝することになった。

全国清津会の四人と、日本のマスメディア七社二十数人と私の同行取材を受け入れたのは、朝鮮外務省日本局などで構成される朝日交流協会。通常、日本からの民間人やメディア関係者を受け入れるのは対文協である。日本人遺骨・墓参問題を朝日交流協会が担当したのは、これが日朝の大きな外交課題となり、日本政府との交渉が増えることを見込んでの措置だった。

朝日交流協会の趙炳哲《チヨビヨンチヨル》上級研究員は「日本との関係は悪化しているが、人道的な立場から訪朝を認めた。（日本人が）地方都市へ行くことは極めて異例なこと」と語った。そして次々と訪れた地方都市では、撮影の制限はまったくなかったのである。平壌と比べて発展が大きく遅れている地方の状況に、日本のマスメディアがカメラを向けることなどそれまでは絶対に認められなかった。長年にわたってこの国で取材してきた私でも、地方での撮影には交渉と喧嘩を繰り返してきた。そのため、朝鮮政府の積極的で開放的な姿勢に非常に驚いた。

朝鮮が日本人遺骨・墓参問題に積極的になったのには、いくつかの理由が考えられる。もっとも大きいのは、この当時、金正恩第一書記を最高指導者とする体制になったことである。大勢の日本人が地方を訪れてカメラを向けたり、日本人の遺骨を掘って僧侶が法要をしたりすることへの、住民や地方の行政機関の反発は強いはずだ。そうしたリスクを承知で、この問題を日本との関係改善へとつなごうとしたのである。これほど大きな決断は、最高指導者にしかできないだろう。

他の理由としては、各地の日本人埋葬地が果樹園造成や道路・灌漑工事といった大規模開発を進める障害になってきたことだ。日本政府には引き揚げ者が作成した集団埋葬地についての記録があり、埋葬地を一方的に消滅させたならば日本との新たな軋轢を生じるだろう。

そしてこの遺骨問題は、朝鮮にとって取り組みやすいことがある。多くの日本人が死亡したのは、朝鮮建国の一九四八年九月より前のソ連軍管理下でのことである。また朝鮮での外国人遺骨の調査とその返還は、一九五〇年から三年間の朝鮮戦争で行方不明になった米軍将兵での前例がある。行方不明者約五三〇〇人のうち、米朝合同で発掘した遺骨を二〇〇五年までに二二九人分、第一回米朝首脳会談後の二〇一八年七月には五五人分を返還している。

### 五カ所の埋葬地を掘る

全国清津会調査団に五カ所の日本人埋葬地を案内したのは社会科学院歴史研究所の曺喜勝《チョヒスン》所長。日本からの帰国者である所長は、ソ連軍による日本人収容とそれによる死亡者の埋葬地に関心を持ち、日本語の文献などを数年前から調べていた。そうした時に、何カ所かで見つかった日本人らしき遺骨の調査を朝日交流協会から依頼される。そのため歴史研究所として、二〇一一年三月から数カ所での発掘調査を始めた。

調査団が最初に案内されたのは、民間人が埋葬された平壌郊外の龍山墓地。一九四六年一月時点で、

埋葬地で調査結果を説明する朩喜勝所長

平壌にいた日本人は四万三三二四人。そのうちの避難民は、中国東北地方からの一万一九二〇人、咸鏡北道など朝鮮内の三七二四人だった。死亡したのは、避難民と平壌在住者を合わせた五四五七人という記録がある。

平壌で暮らしていて一九四八年七月に引き揚げた佐藤知也さん(一九三一年生まれ)は、龍山墓地埋葬者の遺族を探し続けてきた。後から引き揚げた父親が、その墓地の埋葬者名簿を持ち帰っていたからだ。名簿にある二四二一人のうちの約三〇〇人については現在までに遺族が判明。名簿と同時に作成された、龍山墓地の埋葬位置を記した地図を持ち帰った人もいる。これほど資料が残っている埋葬地は他にはない。ところがこの墓地は、変電所建設などのために一九五七年と一九七一年に移設されてしまった。

平壌市の中心部から西北西にある現在の龍山墓地へ車で向かう。途中から道路は未舗装になった。二カ所で検問を受け、約四〇分で到着。墓地は、小高

今の龍山墓地は，埋葬された個人が特定できない

い山の急な傾斜地にある。曺所長が、民家の脇から登り始めたので、すぐ後ろをついていく。道はないので草をかき分けて進むのだが、多くの墓の土饅頭は形が崩れているので知らずに踏んでいる気がする。重い撮影機材を持っているので汗が噴き出す。

かなり登ったところで後ろを振り返ると、集落などが見渡せた。曺所長の指示で、三人の住民が土饅頭の一つを掘り始める。するとしばらくして、約三人分の遺骨が出てきた。移設の際に、一つの墓に数体の遺骨を埋葬しているからだという。これでは、個人を特定することは極めて難しい。

調査団が訪れた場所で民間人だけが埋葬されている他の場所は、冒頭で紹介した富坪。咸鏡南道で最大の都市・咸興では、避難民を含めた日本人が数万人にも達したため、その一部を各地へ分散。咸興から約二五キロメートル離れた富坪へ移送されたのは三二八二人。劣悪な生活環境により、その半数近くが死亡した。

日本軍将兵の埋葬地で調査団が訪れたのは、古茂山・三合里・興南。どの場所も、ソ連軍が管理した捕虜収容所のすぐ近くにある。咸鏡北道の古茂山は、中国とは直線距離で約三〇キロメートル、ロシアとは約八〇キロメートルしか離れていない。

バスを降りた曹所長は、足早に歩き始めた。古い住宅が並ぶ集落の中を通り抜け、緩やかな傾斜地に広がるトウモロコシ畑を一気に登る。そこには「咸北線《ハムブク》」の線路があり、眺望が良い。白い煙を上げている工場が近くに見える。これは日本時代には小野田セメントの工場だった。そして、通り抜けてきた集落はその社宅跡で、当時のままの家もある。現在も、病院・劇場などの日本時代からの施設が残っている。ここへ収容された野口富久三さんの話と合致する。

住民の梁玉石《ヤンオクスク》さんが説明してくれる。

「日本人収容所の壁は高くて中を見ることはできませんでしたが、大勢の人が伝染病で死んだと聞いています」

古茂山では約三三〇〇人、すぐ隣の富寧では約六五〇人の将兵が、伝染病だけでなく栄養失調と寒さで死亡した。

捕虜収容所跡と埋葬された場所は容易にわかった。埋葬地は集落に隣接するトウモロコシ畑である。待ち構えていた十数人の住民が、収穫前のトウモロコシを一斉に刈り取り始めた。そして、剝き出しになった地面の数カ所を掘り始める。すると、一〇分もしないうちに頭蓋骨が見つかり、次々と他の骨も掘り出された。全国清津会の四人は、見つかった遺骨を前に法要を始める。

古茂山の集団埋葬地で法要をする僧侶ら

「遺骨を見て涙がこぼれそうになりました。（発掘と追悼ができたことに）朝鮮の皆さまへ厚くお礼申し上げます」

正木貞夫事務局長（一九二九年生まれ）はこのように述べ、作業をしてくれた人たちに深々と頭を下げる。

三合里捕虜収容所は、日本軍の広大な野営演習場にあった十数棟の仮兵舎が使われた。同じ演習場の一角には、将校用の美勒洞収容所が設けられた。三合里は現在、大院里《テウォンリ》と地名が変わり、平壌市の中心から東南東へ約一五キロメートルにある。そこへ近づくにつれ車内には緊張感が漂う。それは、収容所跡と埋葬地は朝鮮人民軍の基地内にあるからだ。日本軍の基地は、ソ連軍撤収後は人民軍が使用してきた。その基地へ入ることは、異例中の異例だ。

基地ゲートでの警備兵によるパスポートのチェックがなかなか終わらず、緊張が続く。誰も話をしない。ようやく中へ入り、広場で車から降りる。埋葬地は小高い山の斜面にあるという。未舗装の細い道

埋葬地の丘から見た興南の日本窒素肥料の社宅跡

を登って行くと、軍関係者が家族と暮らす住宅が並んでいる。各住宅には広い庭があり、その一カ所を掘ることになった。その家の住民は、不満そうな表情でトウガラシなどを次々と引き抜く。この場所でもそうだが、どこの埋葬地でも浅い所から遺骨が出てくる。それは、墓穴を掘る人も栄養失調で体力がなく、冬期には地面が凍結していたからだ。

三合里収容所とその近くの秋乙収容所を合わせると一六〇〇人以上が死亡。日本軍将兵が帰国する際、ソ連軍は死亡者名簿の持ち出しを禁止した。だが三合里では、隠して持ち帰られた名簿で埋葬者のうち八八〇人の氏名がわかっている。

咸鏡南道の興南は日本窒素肥料が築いた化学コンビナートの街（第5章参照）。日本時代は興南府だったが、今は咸興市興南区域になっている。日本時代、ここにはもっとも多い時で工場従業員とその家族など約一八万人の民間人が暮していた。日本敗戦でその人たちは帰国しようとしたが、容易ではなかった。

遺骨とともに見つかったボタンなどの遺留品

そこへ古茂山からの約五〇〇〇人とシベリアから直接に移送された約三〇〇〇人の将兵が、日本窒素肥料の社宅や学校などに収容された。

　興南では、複数の埋葬地に民間人と将兵が眠る。調査団が案内された埋葬地は、市街地の中の小高い丘の上。

「日本時代、ここは本宮《ほんぐう》と呼んでいた場所で、当時の緑ヶ丘病院は興徳《フンドク》二洞総合診療所として使っています」と曺所長が説明。それは緑ヶ丘病院の南方山中に約一六〇〇人を埋葬した、という記録と合致する。

　たくさんのカメラマンがいるので、どの埋葬地でも良い撮影位置を確保するのが大変だ。斜面に止まった4WD車から、重い機材を持って急いで飛び降りたところ、右足に激痛が走った。うっかり筋を痛めたようだ。足を引きずりながらも、曺所長の後を必死に追う。

　丘の上にある畑の中で、住民の玄伊南《ヒョンイナム》さんが埋葬時のようすを語った。

「ソ連軍は、この丘の下の収容所へ日本兵を車で連れて来たんです。伝染病でたくさんの日本兵が死に、マスクをした人たちがその遺体を担架で運んできてここへ埋葬しました。置いたままで帰ってしまうこともあり、その時は年配の朝鮮人が埋めていました」

住民たちがシャベルで注意深く表土を削っていくと、全身がわかる状態の遺骨が三体並んで見つかった。遺体は一人ずつではなく、塹壕のような形の大きな穴に並べて埋葬したことがよくわかる。軍服の一部や、ボタン・ベルト・バックル・入れ歯といった物も出た。

興南全体での死亡者は、将兵は約三〇〇〇人、民間人は三〇四二人だという。全国清津会が調査した五カ所とも、日本にある資料と合致することや埋葬状況から、日本人埋葬地であるのは間違いない。

連日、車で長時間の移動をし、炎天下で遺骨が掘り出されるのを見守り続ける……。肉体的にも精神的にもつらい取材となった。

## 急ぐべき墓参と遺骨収容

二〇一二年一〇月九日に全国清津会が中心となって「北朝鮮地域に残された日本人遺骨の収容と墓参を求める遺族の連絡会（北遺族連絡会）」が設立された。この連絡会は二〇一四年九月までに、全国清津会調査団を含め一〇回の墓参団を実現させた。また龍山墓地の遺族らが組織する平壌・龍山会も、二度の墓参をしている。

ちなみに北遺族連絡会は、朝鮮でのすべての墓参を自らが取り仕切ろうとした。そのため、それに従わない龍山会の二度目の墓参は二〇一五年八月まで実現できなかった。また私が朝日交流協会と交渉し、一人の遺族とともに訪朝することが決まっていたにもかかわらず、北遺族連絡会の墓参団という形にされてしまった。そのためテレビ局二社がそれに同行取材することになり、取材してもテレビで発表できなくなった私は、行くのを断念せざるを得なくなったのである。政治の大きな力が動いている時、一人のフリーランスのジャーナリストの存在などいとも簡単に無視されてしまう。後味の悪い結果となった。ところがその北遺族連絡会は、二〇一五年八月に突然解散してしまい、墓参団の訪朝は中断した。

民間レベルでの墓参の継続には大きな課題がいくつもある。埋葬地によっては地方都市まで航空機を使う必要があり、墓参団参加者に大きな経済的負担が伴う。しかも遺族たちは、あまりにも高齢化している。三合里捕虜収容所での収容者と遺族が組織した三合里戦友会は、二〇〇四年に活動を停止。一九六三年に結成された全国清津会は、最大時には約一〇〇〇人もいた会員が、今では約二二〇人にまで減っている。今後の墓参は、日本政府の事業として実施すべきだろう。

それと同時に、遺骨の収容と追悼事業にも取り組むべきである。厚生労働省が確認する七一カ所の埋葬地は、朝鮮戦争での米軍による猛爆やその後の開発によって状態はかなり変わっているだろう。そのため埋葬地調査と遺骨収容には、大変な時間と費用がかかるのは確かだ。

そしてその取り組みは急ぐ必要がある。判明している埋葬地だけでなく、どの埋葬地の上にも農地や住居などがあると思われる。龍山墓地での果樹園の造成のように、開発が始まろうとしている場所もある。二〇一八年二月に案内された咸興の果樹園には、農作業などで見つかった日本人の遺骨一〇人分を集めて埋葬した仮の墓が造られていた。朝鮮も、日本人埋葬地の扱いに困っているのだ。

## 日本の「国策」が根本的原因

「全部の遺骨を早く持って行ってくれ！　今になって、なぜ日本人の遺骨を捜そうとしているのか知りたい」と、興南の住民である玄伊南さんは強い口調で語った。また、古茂山の埋葬地で耕作をしている張明希《チャンミョンヒ》さんは、日本人の遺骨をどうするかは日本が決めることだが、浮島丸沈没事件（一九四五年八月二四日、青森から釜山へ向かう日本海軍特設輸送艦・浮島丸が舞鶴沖で爆発して沈没。朝鮮人乗客三七二五人の内、五二四人が亡くなった）などで死亡した朝鮮人の遺骨を日本は返していないと批判する。

日本各地の寺院などには、アジア太平洋戦争によって死亡した朝鮮人の遺骨が残されており、故郷が朝鮮半島北側の人のものも相当数ある。

東京都目黒区の祐天寺で厚生労働省が一九七〇年から管理する朝鮮人の遺骨には、軍人・軍属だけでなく、浮島丸事件で死亡した民間人のものもある（第6章参照）。朝鮮半島北側の人の遺骨は四二五人分で、その内の七人分については朝鮮で遺族が判明している。

朝鮮で眠る日本人遺骨、日本に安置されたままの朝鮮人遺骨……。この二つの国の遺骨は、日本による朝鮮植民地支配という過去がいまだに清算されていないことの象徴である。

二〇一四年五月の日朝ストックホルム合意は、一二回の民間墓参団の実施という積み重ねの上に実現したのは確かだ。ところが日本政府は、その合意に基づく朝鮮政府の調査報告を拉致被害者について最優先に受けることにこだわり、遺骨・墓参など他の課題については後回しにした。

北遺族連絡会が繰り返し開催した説明会や報告会には、拉致被害者家族も出席してきた。二〇一四年四月の説明会で横田滋さんは「亡くなった人の遺骨よりも拉致問題を先に解決すべきとの声もあるが、できることから並行してやっていくのが効果的」と述べ、蓮池透さんは「遺骨問題をきちんと解決し、それでできた日朝のパイプを維持すべき」とした。

日本人遺骨問題は、マスメディア各社が墓参団への同行取材で繰り返し訪朝したために多くの報道があった。ところがそのほとんどは、日本政府の責任を曖昧にしている。朝鮮半島北側で多くの日本人が死亡したのはソ連軍の非人道的な扱いによるが、日本が「国策」として行なった朝鮮植民地支配が根本的原因だ。

龍山墓地の遺族探しと墓参をしてきた佐藤知也さんは、次のように語る。

「墓参にあたって、正しい歴史認識の必要性をつくづく感じました。政府の大号令の下に旧満州や朝鮮に渡り、多くの日本人が命を落としました。亡くなった人たちは、戦争犠牲者であることをわが国の為政者は認識すべきです。また、朝鮮半島を分断したのは米ソですが、その端緒を作ったのはまぎれもなく日本。植民地統治と、その後の民族分断の悲劇をどう捉えるのか、日本は問われているでしょう」

日本政府は朝鮮に眠り続ける日本人遺骨の問題に、国家の責務として少しでも早く取り組まなければならない。

# 第8章　最後の朝鮮残留日本人

## 地方都市で残留日本人と会う

二〇一七年八月、私を乗せた車は市の中心部へ入るために城川江《ソンチョンガン》に架かる万歳橋《マンセ》を渡り始めた。この長い橋の上流側には、日本が植民地支配していた時の古い橋の橋脚だけが今も残る。ここは咸鏡南道《ハムギョンナムド》咸《ハム》興市《フンシ》。今までにも、さまざまな取材で来たことがある。

橋を渡り切ると、左側の小高い丘の上に真新しい金日成主席と金正日総書記の銅像が並んで立っている。その前を通り過ぎ、しばらくまっすぐに東へ進む。表通りから左折して舗装が悪い路地へ入り、少し古い五階建てアパートの前で車は止まった。階段で三階まで上がり、玄関で呼びかけると年老いた女性が奥から出てきた。残留日本人の荒井琉璃子《るりこ》さんだ。

日本による植民地支配や侵略の結果、アジア太平洋の国々に敗戦後も多くの日本人が残った。その人たちについての報道は多いが、朝鮮に残留する日本人については日本のメディアが取材したことはなく、その実態はまったくわからなかった。だが断片的な情報はあった。咸鏡北道清津市《ハムギョンブクドチョンジンシ》で暮らしてきた日本名・丸山節子さんは、日本の家族と頻繁に手紙のやり取りをし、弟が五回にわたって訪朝。私は丸山さんへの取材を何度か申請したものの「取材を受けるだけの体力がない」として断られていた。

朝鮮の残留日本人に注目が集まったのは、二〇一四年五月の日朝ストックホルム合意である。これに

自宅で初めて取材に応じた時の荒井琉璃子さん

基づき朝鮮は特別調査委員会を設置し、「日本人遺骨」「残留日本人・日本人配偶者」と「拉致被害者・行方不明者」について調査することになった。

私は二〇一七年四月に、歴史学者の曺喜《チョヒ》勝《スン》氏にインタビューをした。今は、日本研究所の上級研究員をしている。

「残留日本人調査の時、私が会ったのは三人ですが（調査時は）九人いました」

と流暢な日本語で語った。

「朝鮮の赤十字会とメディアが丸山節子さんと会い、テレビで紹介しました。ですが日本からは何の反応もなかったんです。日本の問題なのに放置したままです」

発足直後の特別調査委員会が二〇一四年八月に丸山節子さんを訪ね、帰国の意思があるかどうかを聞いたという。日本政府が決断すれば、すぐにでも里帰りができる状況だった。ところが丸山さんは、その翌年一月に八六歳で亡くなってしまう。

二〇一七年四月、私は金日成主席生誕一〇五年祝賀行事の取材のために平壌にいた。私が帰国する一七日に、宋日昊《ソンイルホ》・朝日国交正常化交渉担当大使が日本人記者団と急に会見するという。地方都市で残留日本人と会わせる、という内容だと案内員から知らされる。それは私が強く望んできた取材だ。

私は一七日の朝、悶々とした気持ちで平壌空港へ向かう。出発ロビーで午前八時三〇分の便を待つが、搭乗手続きがなかなか始まらない。着陸する北京の天候が悪く、出発が大幅に遅れるという。

朝鮮で滞在ビザを延長することは、よほど特別な理由がない限り難しい。ロビーで数時間待った私は、飛行機が飛ばないことを理由に数日間の延長ができないかと思った。

「この取材をしなければ、一生後悔することになる。何としてでも地方都市まで行きたい！」

案内員たちが困惑するのを振り切り、私は市内へ引き返した。

宋大使は記者会見で、咸興で暮らす一人の残留日本人の存在を明らかにし、その取材を認めたのである。実態がまったくわからず、歴史の闇の中に消えようとしていた、朝鮮へ残留した日本人。その当事者と会えることに私は興奮した。

荒井琉璃子さん。朝鮮名は「リ・ユグム」で、生まれたのは一九三三年一月一五日。日本語はほとんど忘れているという。

おそらく関係者が奔走したのだろう。私のビザは四日間延長された。今までの信頼関係がなければ、決して認められないことだ。記者団は平壌を一八日に出発し二〇日に戻るというので、私はそれに加わることにした。

## 召集された父との別れ

私は約二〇人の記者団とともに、琉璃子さんのアパートを訪ねた。六畳間くらいの部屋に置かれたソファーを取り囲む形で取材することになった。室内に入る記者を限定したものの、まったく身動きができない。何とかビデオカメラを三脚にセットする。初めて聞く残留日本人の体験は驚くべき内容だった。朝鮮語で一通り話をした琉璃子さんが、記者からの質問を受けるという。ところが、記者たちからはあまり質問が出ない。残留日本人についての知識がないので、何を聞いたらよいのかわからないのだろう。私は続けて質問したが、時間切れになる。この取材のために滞在を延ばしたものの、話を聞くことができたのはわずかな時間だった。「なるべく早く再訪して時間をかけた取材がしたい」と関係者に伝えて帰国した。

そして、それから四カ月後の八月、琉璃子さんへのインタビューのために再び咸興を訪れた。最初に、日本から持参した土産を渡す。羊羹《ようかん》を口にした琉璃子さんは「幼いころに食べた記憶がある」という。琉璃子さんが幼年期を過ごしたのは、植民地時代の京城《けいじょう》(現在のソウル)。「ホンマチ、ミナカイ」と日本語で言うので何の意味かと思ったら、羊羹を買ったことのある店だという。私が帰国してから調べてみると、当時は本町一丁目にあった「三《み》中井《なかい》百貨店本店」のことだとわかった。植民地時代の朝鮮に一二店舗、中国東北地方と中国各地にそれぞれ三店舗を持つ日本人経営の百貨店チェーンである。

実は二〇一八年一一月に、琉璃子さんの妹(一九三九年生まれ)である三女を九州で探し出すことができたので会いに行った。その結果、琉璃子さんから聞いてもよくわからなかった家族関係がはっきりとした。

一家は熊本の家を処分して朝鮮半島へ渡る。父親は勝径《よしのり》さん、母親はツギエさんで、その子どもは六人。上の三人は日本の学校で学ぶために、そして京城で生まれた三女も日本へ移ったようだ。琉璃子さんと二歳下の弟・英男さんが朝鮮で両親と暮らした。

琉璃子さんは、一度だけ日本へ里帰りしたことがある。その場所は「山の中」としか琉璃子さんは覚えていない。

「七歳の頃、私と弟を見たいという祖父母に呼ばれて熊本へ行ったんです。初めて会ったので、大変かわいがってくれました」と、琉璃子さんは語る。三女の話によれば、瑠璃子さんがやって来た時の集合写真に自分がベビー服姿で写っているので、一九四〇年で間違いないという。三女には琉璃子さんの記憶はない。だが、その時に琉璃子さんと会った人たちから「三女はおてんばなのに、琉璃子はやさしい女の子だった」と聞かされ、もう一度会いたいと思いながら暮らしてきたという。

その後、病に冒されたために日本へ戻っていた母親が、闘病生活の末に亡くなってしまう。父親は看護師と再婚した。

一九一〇年八月二二日の「韓国併合に関する条約」で、「大韓帝国」は日本によって滅ぼされる。朝鮮植民地支配が始まり、その末期には人口は二六〇〇万人に達し、そのうちの七五万人が日本人だった。

琉璃子さんの父親は鉄道員で、貨物の取り扱い係。一九四四年五月頃に転勤になり、一家は中国との国境の町である咸鏡北道会寧《フェリョン》へ移る。日本敗戦が濃厚になると父親にも召集令状が届き、中国へ送られることになった。一九四四年の暮れか翌年初めのことだという。

「父さんは私と弟をぎゅっと抱き寄せました。自分はもう帰ってこられないと思ったのか、涙を流していました。母さんは亡くなり、父さんが行ってしまうともう頼るところがない……。とても悲しくなりました」

## ソ連軍からの逃避行

一九四五年の八月に入ってすぐのある日、会寧で事件が起きた。

「朝の七時頃、サイレンが鳴り出したので何事かと思っていたら銃声がしたんです。そこへ行ってみると、日本人の高官が家の中で死んでいました」

琉璃子さんには、これがどういう事件なのかわからないという。ソ連の日本への宣戦布告が迫るという状況の中で、反日武装闘争の部隊かそれに呼応した人による攻撃だった可能性がある。

父親と親しい朝鮮人たちの忠告に従い、部隊にいる父親と連絡を取ることもできないまま、南へ向かって逃げることになった。琉璃子さんと英男さん、継母とその子ども二人の一家五人は夜中に出発。荷車に最小限の家財道具を積み、山道や裏道を歩いた。道端で寝て、水があるところで米を炊いて食べた。

逃避行の途中で、ソ連が日本へ宣戦布告をした八月八日を迎える。一家は、早い時期に避難を始めたため、途中でソ連軍と出会わずに済んだ。『北鮮の日本人苦難記』(鎌田正二)はこう記す。

「ソ連軍がこの地方に進駐してからは、情勢は一変した。(中略)いまは、宿をかす家を見つけることも、食糧を手に入れることもむずかしくなっただけでなく、夜ごとのソ連兵の暴行、保安隊の掠奪、圧迫もくわわって、そうでなくても困難をきわめる避難行は、まったく眼もあてられない惨憺たるものになった。(中略)乳呑児を前に抱え、背には荷物を背負って、手に幼児の手をひく母親もいた。病める夫

荒井さん一家が列車から降ろされた当時の咸興駅

を背負った妻もいた。途中お産をしても、一日しか休まず歩きつづける母親もいた。子供を捨てた母親もいた。親が途中で死んで孤児になったのもいた」

八月一五日の日本敗戦からは避難民は一気に増えていき、一家が歩く道路は前に進めないほどにまでなった。

「長い距離を歩いたので、継母が生んだ弟は足が痛いと泣くんです。私はリュックサックを背負っていましたが、おぶってあげました」

歩き始めて一五日間ほどした時、退《テ》潮《チョ》駅に着く。ちょうどそこには、汽車が停車していた。避難民たちがそれに群がっていたので、どこへ向かうのかもわからないまま一家も乗り込む。しかし動き始めて七つ目の咸興駅で、汽車から全員が降ろされる。この駅前広場で、約四〇〇〇人の日本人避難民が野宿したとの記録もある。そして行政機関の幹部らしき朝鮮人が、通訳を通して日本人たちに話をした。

「『日本の政府が悪いのであって人民に罪はない。

日本へ帰らせるが、混乱で汽車が動かないのでここで泊まるように』と言われたんです。近くにあった旅館へ入りました」

その旅館の場所がわかるというので行ってみたが、朝鮮戦争の米軍の攻撃で跡形もなく破壊されていた。

## 家族たちの死

一九四五年八月一五日の日本敗戦の後、朝鮮半島は北緯三八度線で南北に分断。北側を管理したソ連は、そこに居住していたり中国東北地方から逃げ込んだりした日本人の帰国を認めなかった。敗戦直後に北側にいた日本人は、避難民を合わせると約三〇万人にもなった。

「咸南(咸鏡南道)に終結した咸北(咸鏡北道)の避難民は、(一九四五年)一〇月末現在で、咸興に約一万七〇〇〇名、興南に約九八〇〇名、元山に約七五〇〇名を数えた」(森田芳夫『朝鮮終戦の記録――米ソ両軍の進駐と日本人の引揚』巌南堂書店、一九六四年)。

そもそも、咸興とここに隣接する興南を合わせた地域に暮らしていた日本人は合わせて数万人。そこへ約二万七〇〇〇人もの日本人避難民が押し寄せたのだ。

朝鮮半島南側を占領・管理する米国は日本人に対し、民間人だけでなく軍人までも積極的に帰国させた。ところが北側を管理するソ連は、軍人はシベリアへ送って過酷な労働をさせ、民間人は帰国させなかったばかりか食糧や住居を十分に与えなかった。その結果、四万人近くの日本人が栄養失調や伝染病などで死亡した(第7章参照)。

弟と妹を埋葬した場所に立つ荒井琉璃子さん

凍結した地面に墓穴を掘ることは難しい。帰国を待つ日本人が結成した咸興日本人委員会は、咸興にいる日本人の一〇パーセントが死亡すると予測。一二月中旬の凍結前に、四メートル×二〇メートル・深さ二メートルという巨大な埋葬用の穴をあらかじめ掘る。

「咸興日本人委員会の統計では、翌年一月までに、咸興の死亡者六四〇〇名をかぞえ、一月の死亡者は、一日平均五〇名をこえていた」(森田芳夫「北朝鮮の憂愁」『大東亜戦史 第8巻 朝鮮編』)

こうした極限状態にあった九月初旬のある日の朝、継母が生んだ五歳の弟と二歳の妹が冷たくなっていた。死因はわからないという。

「継母が弟の遺体を、私が妹を背負って家の外へ出ました。すると、日本人の遺体を山積みにしたリヤカーを引く人たちが、行列のようになっていたんです。それについて行くことにしました」

琉璃子さんに、その場所で説明してもらうことにした。大通りに面した「科学院」の前で車を降り、その門を入って建物の裏へ向かう。琉璃子さんは杖を使っているものの、歩くのは早い。小高い山の手前に塀があって、行き止まりになっている。

「ここに大きな穴が掘られていて、リヤカーの遺体が次々と投げ込まれていきました。その人たちがいなくなってから、私たちもこっそりと入れたんです。この近くを通るたびに、当時のことが鮮明によみがえります」

## 英男との突然の別れ

弟と妹を埋葬した小高い山には、リンゴ畑があった。継母はそこから風呂敷二包みのリンゴをもらってきた。そして、「日本へ帰るために旅費が必要だから、これを売ってきて」と、琉璃子さんと英男さんに一包みずつ渡す。二人が市場へ行くと、大勢の人で混んでいた。

私はその市場へ案内してもらった。表通りから少し中に入った場所に今もあり、その前を徒歩や自転車でたくさんの人が行き来していた。

「英男は一生懸命に動き回り、すべて売ってしまいました。私は一カ所に座り込んでいたので、少し売れ残ったんです。日が暮れて暗くなると、英男の姿が見えなくなりました。捜し回っても見つからず、私は心細くなって泣いていました。すると、通りすがりの見知らぬ朝鮮人のおじさんに『なぜここで泣いているのか』と上手な日本語で聞かれたんです」

その朝鮮人男性は「仕方がないから私の家へ行こう」と言った。「ついていきたいという気持ちになった」と琉璃子さんは言う。心細かったのと、父親の姿と重なって見えたのかも知れない。

弟と別れた市場は今も同じ場所にある

その家へ行くと、妻と二人の子どもがいた。そして白米と豚肉のスープが出された。会寧を出てから初めて、オンドルの効いた部屋で温かい食事をした。琉璃子さんはこの一家に、気に入られたようだ。

「『もし私たちと一緒に暮らしたいのなら、そうしてもいいよ』と言われたものの、その時は黙っていました。翌朝、目が覚めると『どうしても英男を捜さなくては』という思いになったんです。リンゴが入った袋を持って、こっそりとその家を出ました」

商人たちが路上に並んで物を売っている場所へ行ってみた。するとそこで、ソ連兵がヒマワリの種を食べているのを目にする。たくさんの種を一度に口へ入れ、殻だけを器用に次々と吐き出しているのだ。そのようすがあまりにも面白くて見入っていると、誰かが後ろから突いた。振り返ると英男さんだった。偶然にも弟と再会することができたのだ。

「『早く一緒に行こう』と英男は言いました。『もうすぐ汽車が出発するので、リンゴが売れてなくても早く連れて来なさい』と（継母が）言っていると……。でも私は『リンゴを全部売るので先に行きなさい』と言い張ったんです」

これが、琉璃子さんが英男さんを見た最後となった。リンゴを売り終えて旅館へ戻ると、誰もいなかったのである。

「汽車が出発してしまったんだと思いました」

日本人たちが、北緯三八度線を越えるのは次第に困難になっていた。だが過酷な収容生活から逃れるため、危険を冒して帰国しようとする集団が続出していた。

「南へと向かう汽車があれば、何としてでもそれに乗らなければここで死ぬことになる……」

琉璃子さんを捜す余裕もなく、継母や旅館の収容者たちは出発したのだろう。それまで淡々とした口調だった琉璃子さんが、涙を流しながら一気に語り始めた。

「私は、追い払うようにして英男と別れたんです。英男は涙を流し、何度も振り返りながら消えて行きました。それが、私が覚えている英男の顔なんです。思い出すとすごく悲しくなるので、この話は誰にもしたことがありません」

後になって日本との手紙のやり取りでわかったのだが、姉を捜しに出たために英男さんも汽車に乗り遅れてしまったのだ。一〇歳の英男は誰にも頼れず、物乞いで飢えをしのぎながら三八度線を越えて帰国した。

「大変な思いをした英男は、私をどれほど恨んだことか……」

と琉璃子さんは涙を流しながら語る。

リンゴを売ることにこだわったため汽車に乗り遅れてしまい、大混乱が続く朝鮮へ置き去りになった琉璃子さん。まだ一二歳だった。この出来事で、自分の人生が大きく変わるなどとは思いもしなかった。

## 「リ・ユグム」として生きる

「私の足が自然に向いたのは、ソ連兵がヒマワリの種の殻を口から飛ばしていた場所でした。そこにずっと立っていたら、家に泊めてくれた朝鮮人のおじさんと出会うことができたんです」

男性は琉璃子さんを心配して捜しにきたのだ。「何も食べていないのだろう」とパンを買ってくれた。そして食べ終わるのを待ち「私の家へ戻ろう」と言った。琉璃子さんは、その言葉に素直に従った。英男さんの消息は気になるが、生母はすでに亡くなり父親の生死はわからない……。日本で暮らしたことのない琉璃子さんは、「祖国・日本」を何としてでも目指そうという気持ちにならなかったのだろう。何よりも、日本から主権を取り戻して勢いのある朝鮮人社会にいきなり放り出されたのだ。日本人少女には、他に選択肢はなかった。

琉璃子さんは朝鮮語をわずか二カ月で習得し、「リ・ユグム」としてたくましく生き始める。「荒井琉璃子」の名を使うことは、この時からまったくなかった。

ところが数カ月したころ、世話になっている男性の一家が故郷へ戻らなければならなくなる。「一緒に行かないか」と言われたが、琉璃子さんは弟と別れた咸興を離れたくなかった。「ここにいれば再会できるかもしれない」と思い、頑強に拒む。

この男性が仲良くしている隣家の女性には、子どもが二人いたが息子だけだった。その女性、キム・

コブンスンさんは「私はこういう可愛い娘が欲しい」と言うほど、琉璃子さんをすっかり気に入っていた。こうして、琉璃子さんの新しい生活が本格的に始まる。

## 帰国の機会を逃す

一九四六年六月、連合国総司令部（GHQ）と対日理事会ソ連代表が、ソ連軍占領地からの日本人帰還について会談を始める。その結果、朝鮮半島北側からの正式引き揚げが決まった。ソ連は、二年後の九月九日の朝鮮民主主義人民共和国の建国前に日本人の引き揚げを完了させようとしたのだ。しかしこの時すでに、北側に留め置かれた日本人の九七パーセントが、北緯三八度線を越境して帰国していた。

この年の一二月一八日、最初の引き揚げ船・栄豊丸が元山を出港。二年後の一九四八年七月四日の宗谷丸が最後の船となった。

この正式引き揚げは、希望者を対象にしたものではなかった。朝鮮への残留を望んでも、強制的に帰国させられた。例外は朝鮮人と結婚していた日本人女性だけである。この時は未婚だった琉璃子さんは、この正式引き揚げの対象にもかかわらず帰国していない。その大きな疑問を琉璃子さんにぶつけてみると、困ったような表情になった。そして少し考えてから「どこからも連絡はまったくなかったんです」と言うのだ。

すると、近くで聞いていた咸鏡南道人民委員会の担当者が説明をしてくれた。琉璃子さんは朝鮮人家庭に身を寄せていたため、解放直後の混乱した状況によって引き揚げ情報が届かなかったというのである。琉璃子さんは、二度目の帰国の機会を逃してしまった。

## 焼失した日本人の証

一九五〇年六月二五日に始まった朝鮮戦争は、一九五三年七月二七日に休戦。翌年一月に日本赤十字社は朝鮮赤十字会に、残留日本人の安否確認を依頼した。それに対して「残留日本人の中に帰国希望者がいれば、喜んで帰国を援助する」との回答がある。こうして、残留日本人の集団帰国が合意された。一九五六年四月二二日、残留日本人三六人を乗せた「こじま丸」が舞鶴港へ到着した。

この時点でも未婚だった琉璃子さんは、この船で帰国できたはずだ。そうしなかった理由についても聞くと、「知らなかったんです。連絡がありませんでした」とあっさりと言う。このことについても、人民委員会の担当者が説明した。

「朝鮮戦争の時、咸鏡南道は米軍の野蛮な爆撃によって建物はすべて破壊されました。住民登録名簿も焼失し、戦争後に新しく作成しています。この時、リ・ユグムさんは朝鮮名で登録したんです」

琉璃子さんは日本名も一緒に登録しなかったため、日本人であることの証が行政機関に何もなかったのだ。三回目の帰国の機会を逃した理由がこれでわかった。

「住民登録を朝鮮名にしているため、探し出せない残留日本人が今でも間違いなくいる」と、この担当者は断言する。死と向き合いながらの逃避行の中で、自分では育てられないと判断してわが子を朝鮮人に託した親がいるという。その子どもたちのほとんどは、自分が日本人であることを知らずにいるのだろう。中国東北地方と同じことがこの朝鮮半島北側でもあり、多くの日本人の子どもも残留した。

「今も北朝鮮にとどまっている可能性がある日本人が少なくとも一四四二人に上ることが(一九九七年

一〇月)二日、厚生省の調査で分かった。(中略)内訳は、男性一〇〇〇人弱、女性が約四〇〇人で、このうち約五〇〇人が軍人や軍属。残り約九〇〇人は旧満州の開拓などに従事した人やその家族。約九〇〇人のうち孤児とみなされる年齢に相当する終戦当時一三歳未満の人は約二〇〇人いると推定される。一四四二人のうちの六七人については『未帰還者』として親族が継続して消息確認を厚生省に求めているが、一三七五人は親族の同意を得た上、法律的には『死亡した』とみなされる戦時死亡宣告を受けた」(『東京新聞』一九九七年一〇月三日付)

親族が届けていない「未帰還者」が、まだ朝鮮にはいると予測される。私が厚生労働省社会・援護局に問い合わせたところ、二〇一四年現在の朝鮮からの未帰還者数は一四四〇人、戸籍上で生存となっているのは三五人との回答があった。「未帰還者」数は二〇年前とほぼ同じだが、親族が生存を信じて消息確認を求めている数は半減した。

## 「愛には国境はないのよ」

琉璃子さんは義務教育の高等中学校を卒業した後、二八歳から定年退職するまで絹の織物工場に勤める。結婚したのは一九六〇年七月。相手は、咸興駅に勤務する鉄道員のトン・ビョンフルさん。養母の、鉄道で働いていた妹から紹介された。琉璃子さんは奇しくも、父親と同じ職業の男性と結婚することになった。

「夫は、日本人との結婚をどう思っていたのだろうか」と尋ねると、少し考え込んだ。そして、それまでみせなかった満面の笑みで語った。

「とにかく私を愛してくれました。愛には国境はないのよ！」

その夫は、一九八〇年に亡くなってしまう。現在、琉璃子さんがアパートで一緒に暮らすのは、息子と二九歳の孫娘トン・ウンスクさんとその夫、そしてひ孫の合わせて五人。

トン・ウンスクさんに、祖母が日本人だと知った時にどう思ったのか尋ねると「特別な感情はなかった」と答えた。

荒井琉璃子さん(左)と夫．手前は4歳の息子

次に、学校で先生から日本の植民地支配について教えられた時の気持ちを聞いてみた。

「先生の話を聞いて、日本への怒りが湧きました。でもお祖母さんには、学校で習ったということは黙っていました」

琉璃子さんは、親族を捜すために日本へ手紙を出した。その時のことを、手紙を受け取った三女が教えて

自宅にて．荒井琉璃子さんとその孫夫婦とひ孫

くれた。

「琉璃子さんは亡くなったと思い、戸籍から抹消していました。三〇年ほど前に突然、出身地の熊本県の町役場宛てに(肉親捜し依頼の)手紙が届き、やり取りが始まりました。長男と、末っ子の私がひんぱんに手紙などを送ったんです」

琉璃子さんは手紙のやり取りによって、自分以外は帰国できたことを知る。最初に徴兵されていた父親、そして継母・英男さんの順に戻っていたのだ。三女によれば、琉璃子さんと別れた英男さんは南へ向かって鉄道沿いに裸足で歩き、途中で人に助けられて帰国したという。英男さんが琉璃子さんに一度も手紙を出さなかったのは、その過酷な体験によるものなのだろう。

父親は、手紙のやり取りが始まったこの時には、すでに亡くなっていた。長男は会いに行こうとしたが、訪朝は実現しなかった。琉璃子さんがとりわけ会いたかった英男さんは、二〇〇一年に亡くなってしまう。今では六人兄弟の中で、琉璃子さんと三女しか残っていない。

三女は琉璃子さんの今の生活のようすを、私が撮影したビデオ映像で見ながら次のように語った。

「朝鮮の人たちに助けられて、幸せに暮らしたようですね。大変感謝しています」

### 日本人妻たちとの交流

「連絡を取ったことのある残留日本人はいないのか」と琉璃子さんに尋ねると、「自分のような境遇の人は他にいない」と言う。他の残留日本人の存在を知らずに生きてきたのだ。あまりにも少数の残留日本人と、日常生活で偶然出会うことは奇跡のようなものだろう。しかし琉璃子さんを訪ねてきた朝鮮在住の日本人女性がいた。

一九五九年一二月に在日朝鮮人の帰国事業が始まり、朝鮮人の男性と結婚していた日本人妻もともに海を渡った(第9章参照)。

そうして咸興へやって来た一人の日本人妻が、琉璃子さんの働く織物工場へ就職した。

「私は日本人であることを公にしていなかったのに、そのおばさんが私のことを知って訪ねて来たんです」

こうして、琉璃子さんと日本人妻たちとの交流が始まった。人民委員会の担当者が、咸鏡南道で暮らす日本人について説明してくれた。

「昔は残留日本人二四人、日本人妻とその子どもが三〇九人いました。現在は、残留日本人はリ・ユグムさん一人で、日本人妻は三八人です」

腰を強打した荒井琉璃子さんを見舞う日本人妻たち

琉璃子さんは親しくなった日本人妻たちと、社会奉仕や日本への里帰りのための組織として、二〇一六年一一月に「咸興にじの会」を結成。琉璃子さんが会長をすることになった。琉璃子さんのほかはすべて日本人妻である。

私は人民委員会の担当者に「日朝関係が悪いので、朝鮮で暮らす日本人への差別はないのか」と聞くと次のような答えが返ってきた。

「差別どころか、むしろ優遇しています。彼らの朝鮮へ報いたいという美しい心を高く評価し、『にじの会』へ事務所と自動車を提供しています」

私はそれを聞き、残留日本人と日本人妻たちは社会から後ろ指を差されないよう懸命な努力をしてきたのではないかと思った。「にじの会」は今、ダムなどの建設現場に支援物資を送るといった社会奉仕活動を積極的に行なっている。

琉璃子さんや日本人妻たちの里帰りについてこの担当者に聞くと、「私が国を代表して言うことはできませんが、日本政府の対応次第でこの問題は解決するでしょう」と答えた。

## 被害者であり加害者

日本へ帰国する機会を次々と逃し、朝鮮へ残留することになった琉璃子さん。その人生を自分ではどのように捉えているのか聞いてみた。

「私は今、思い切り幸せなので、この社会で暮らすことができて良かったと思っています。後悔はしていません」

そう言わざるを得ないのではなく、この言葉は本心から出ていると私は思う。朝鮮人たちに助けられ、朝鮮社会へ懸命に溶け込もうと努力して今の家庭を築いた。決して豊かではなくても、今のこの生活を何よりも大切にしようとしているのだ。

次に「日本をどのように思っているのか」と、あえて抽象的な質問をしてみた。

「(植民地の時に)日本がやったことを振り返ると、朝鮮人を大量に殺し、悪いことをたくさんしている。それを思うと、日本人でありながら日本が嫌になります」

そう言うと琉璃子さんは私に「そうでしょ?」と聞き返してきた。植民地時代からここで暮らす琉璃子さんは、日本による朝鮮支配の被害者であると同時に加害者でもあることを痛感しているようだ。

日朝ストックホルム合意による特別調査委員会は、琉璃子さんのところへも調査に来た。

「日本へ行きたいかと聞かれたので『父さんと母さんの墓参りに行きたい』と伝えました。日本政府は、朝鮮への敵視政策を早くやめて欲しい。日本が朝鮮と近い国になることを願うだけです。そうすれば、故郷を訪問して墓参りもできるからです。私には、先はもうあまりないですから……」

日本では、拉致問題が明らかになってからは、日本人埋葬地への墓参や残留日本人・日本人妻の里帰りという人道的なことを進めるのが間違いであるかのような空気になった。朝鮮に残留日本人が今も暮らすのは、日本による植民地支配の結果だ。日本政府には、そうした人を帰国させる義務がある。それは、現実的には里帰りの実施だろう。二〇一七年六月には、朝鮮に残留する日本人は琉璃子さんしかいないと公表された。他の残留日本人たちは、短期間に次々と亡くなってしまったようだ。琉璃子さんが健在なうちに、その願いを何とか実現させてあげたいと私は思う。

日本・ソ連・米国という大国によって翻弄されてきた近代朝鮮。その激動の歴史の中で、波乱に満ちた人生を歩むことになった荒井琉璃子さん。私は四日間にわたるインタビューの最後に「両親の墓参りに行くことができるよう、長生きして欲しい」と言った。すると笑みを浮かべながら、しっかりとした日本語で「ありがとう」と答えた。

# 第9章　果たせぬ里帰りと五八年ぶりの再会

## 半年後の思わぬ「再会」

半年後に、こうした形で「再会」するとは思いもしなかった。二〇一七年八月に自宅のこの部屋でインタビューした時には、寡黙ながらも日本へ再び里帰りする希望を語っていた。その人は今、小さな額縁の中におさまっている。この写真は、一九九七年に日本へ里帰りした時のものだ。日本人妻の岩瀬藤子（朝鮮名リ・ミヒョン）さんが亡くなったのは二〇一八年一月三日。偶然にも、その日は七八歳の誕生日だった。

「『日本は地理的に近いが、遠くて行けない国』と母が言ったことがあります。高齢になって、故郷を思い出したのだと思います」

岩瀬さんの息子のキム・テソンさん（一九七八年生まれ）はこのように語る。一人の日本人が、望郷の念を抱きながら朝鮮で亡くなってしまった。

咸鏡南道《ハムギョンナムド》咸興市《ハムフンシ》は、順調にいっても首都・平壌から車で五時間以上かかる。山の中を抜ける道路が凍結する冬には、海岸沿いへと遠回りする必要がある。私はこの地方都市を頻繁に訪ねた。ここで、残留日本人（第8章参照）とたくさんの日本人妻が暮らしているからだ。彼女たちが結成した日本人の親睦団体「咸興にじの会」で、岩瀬さんは副会長をしてきた。

岩瀬藤子さん(右)と，孫と長男の妻

この会が、建設現場へ支援物資を送る作業をするというので訪ねる。集まった会員たちに「送ったらお礼の返事はあるのか」と私が聞くと、「くる時もあれば、こない時もある」と岩瀬さんがぶっきらぼうに答えたので、その場にいた皆が大笑いをした。

二〇一八年二月に訪ねた時、「にじの会」の会長で残留日本人の荒井琉璃子さんは小さな声で語った。

「亡くなってすぐに岩瀬さんの家へ行き、顔を撫でてあげました。本当に寂しいですね。残念です。一人また一人と亡くなってしまうので……」

荒井さん宅に集まった三人の日本人妻が、その言葉にうなずく。咸興ではこの半年で、岩瀬さんの他に日本人妻がもう一人亡くなったという。

## 平島筆子さんの死

衝撃の事実を告げられ、私は思わず大きな声を上げた。二〇一八年二月の取材では、四人の日本人妻と会う予定で訪朝。そのうち、二人も急死していることが平壌へ着いてからわかったのだ。それが岩瀬さんと、日本へ帰国したものの朝鮮へ戻った平島筆《ふで》子《こ》さん(一九三八年生まれ)である。

平島さんは、東京都葛飾区新小岩のアンミツ屋で働いていて、電気工の朝鮮人男性と出会う。両親は強く反対したものの、二人は一九五九年一二月の帰国船で朝鮮へと渡った。平島さんは「安筆花《アンピルファ》」という朝鮮名を使った。

朝鮮での生活を始めて一〇年ほどしたころに突然、夫は行方不明になる。平島さんには「病死した」と伝えられた。頼りにしていた夫がいなくなり、日本の家族からの仕送りもなかった平島さんの生活は苦しくなる。

「日本にいる二人の妹に会いたい、両親の墓参りがしたい……」

その思いが次第に募っていく。そうした時に、日本人妻を「脱北」させて高額の利益を得ようとするブローカーに声をかけられる。平島さんは、孫たちをかわいがるなど家族を大切にしていたが、誰にも言わずに家を出る。そして二〇〇二年一一月に中朝国境の川を歩いて中国へ渡り、翌年一月に日本へ四三年ぶりに帰国した。

落ち着いたのは、かつて暮らしていた葛飾区。そこを選挙区とする平沢勝栄衆議院議員の秘書・沖見泰一さんが、世話をすることになる。平島さんは、生活保護の支給額が減らされるのを承知で仕事に出るほど元気だった。

ところが朝鮮から、長男のオ・カンホさんが死亡したという連絡が入る。

「平島さんは長男の嫁と子どもたちが心配になり、神経性胃潰瘍になったんです。寿司が大好きだっ

平島筆子さん(中央)の，朝鮮での７年遅れの還暦祝いの写真

たのですが、それも食べなくなりました」

と沖見さんは振り返る。

亡くなった長男には二人、長女には一人の子どもがいる。平島さんは、朝鮮の家族の元へ戻ることを決断。中国の瀋陽経由で平壌へ渡ったが一週間後に中国へ戻り、二〇〇五年四月一八日に北京の朝鮮大使館で記者会見を行なう。

「金正日《キムジョンイル》将軍《チャングン》万歳《マンセ》!」

万歳をしながら朝鮮語でそう叫ぶようすは、日本で大きく報じられた。

朝鮮へ戻ってからの平島さんは優遇を受けた。日本へ帰国する前は咸鏡北道《ハムギョンブクド》吉州郡《キルチュグン》で暮らしていたが、希望した家族揃っての平壌での生活を開始。孫の大学進学でも配慮を受け、金正日総書記へ感謝の手紙を書いた。還暦・古希のお祝いや行楽地などで家族と撮ったどの写真の平島さんも、幸せそうにみえる。

平島さんは北京での記者会見から二カ月後に、沖見さんへ電話をかけた。それをきっかけに、毎月決まった日に電話局で待つ平島さんへ沖見さんが電話をし、自費で医薬品などを送り続けてきた。その理由を沖見さんに聞くと、「日本にいた時の交流で情が移ったから」と語った。

ところが突然、その平島さんが倒れた。この時のようすを、平島さんの長男の息子であるオ・チョンヒョクさんから平壌市内のホテルで聞いた。

「祖母は二年前から血圧が高くなって頭痛があり、八カ月前からは心臓も悪かったんです。(二〇一八年)一月一一日に、散歩から戻ると心臓に圧迫感があると訴えました。入ったトイレで悲鳴を上げて倒れたので、薬を飲ませようとしたものの死亡していました」

祖母への思いを聞いた。

「高齢なのに足が速く、燃えるような性格の愉快な人でした。私は誇りに思っています」

日本人妻の多くは、日本には別れて暮らす肉親がおり、朝鮮には新しく築いた家族がある。だが、今の日朝関係では自由往来ができない。そのために朝鮮人の夫、日本の妹たち、朝鮮の子や孫たちという家族への思いから、二つの国を行き来した平島筆子さん。私は日朝関係に翻弄されたその劇的な生き方を、直接に聞きたかった。

## 帰国事業と日本人妻

韓国にも多くの「日本人妻」がいるが、朝鮮半島で暮らすようになった経緯は朝鮮とは異なる。日本は朝鮮植民地支配において、朝鮮人を天皇に忠実な「日本人」にするため「皇民化《こうみんか》」という同化政策を実施した。その一つとして、日本人と朝鮮人との「内鮮《ないせん》結婚」を奨励した。その多くが、日本人女性と朝鮮人男性との結婚である。

日本敗戦後、生活基盤のある朝鮮半島南側へ残ったり、日本から南側へ帰国する朝鮮人の夫とともに玄界灘を渡ったりした人が多くいる。そうした韓国で暮らす日本人妻を、私は一九九〇年代半ばに集中して取材。その時の推定で約一〇〇〇人なので、今はかなり減っているだろう。

一方、朝鮮で暮らす日本人妻の場合は、帰国事業で在日朝鮮人の夫とともに渡った人である。一九五九年一二月に在日朝鮮人の帰国事業が始まり、九万三三四〇人が朝鮮へ渡る。その中の日本国籍者は朝鮮人と結婚していた日本人配偶者とその子どもの六六七九人。日本人配偶者はそのうちの一八三一人で、ほとんどが女性だった。なぜそれほど多くの日本人女性が、未知の国へ渡る決断をしたのだろうか。

日本の植民地支配によって、朝鮮半島から膨大な数の朝鮮人が日本へ渡ってきた。過酷な植民地政策によって生活できなくなった家族や、本人の意思に反する「徴用」などの労働者として海を渡った。それは、もっとも多くなった一九四四年には合わせて約一九四万人にも達した。

一九四五年八月に祖国が解放されても、約三〇パーセントの朝鮮人たちが日本へ残った。だがその多くは、民族差別と失業による貧困で苦しむ。一九五九年ごろには、在日朝鮮人の生活保護受給者は約八万一〇〇〇人にも達し、その年間経費は約一六億九〇〇〇万円にもなっていた。

外務省から日本赤十字社へ派遣された井上益太郎・外事部長は、次のような見解を示していた。

「日本政府は、はっきり云えば、厄介な朝鮮人を日本から一掃することに利益を持つ」(『在日朝鮮人帰国問題の真相』日本赤十字社、一九五六年)

日本政府は財政負担を減らし、治安対策としても、在日朝鮮人を追放しようと考えていたのだ。日本赤十字社は一九五四年一月に朝鮮赤十字会へ文書を送る。

「もし帰国が許されるならば、その便船を利用し、日本にある貴国人にして帰国を希望するものを貴国に帰すことを本社は援助したい」（日本赤十字社『日本赤十字社社史稿 第6巻（昭和二一年―昭和三〇年）』一九七二年）

つまり朝鮮残留日本人の帰国と、在日朝鮮人の帰国をセットで進めようという提案なのだ。このように、帰国事業が始まるきっかけは、日本側がつくっていたのである。一方の朝鮮は、中国とソ連の政治的対立が深刻化する中でそれらの国と距離を置き、日本との関係改善を模索していた。一九五五年二月には南日《ナムイル》外務大臣が国交正常化を呼びかける。そして一九五八年九月に金日成首相は「共和国政府は在日同胞が帰国して新しい生活ができるようにすべての条件を保障する」と表明。

こうして両国政府の思惑が一致し、熱気を帯びた大規模な帰国運動へと発展していった。しかも『産経新聞』や『読売新聞』を含むマスメディアは、朝鮮戦争による廃墟から急速に復興する朝鮮を褒め称え、帰国運動の後押しをした。

帰国する在日朝鮮人の多くは、出身地が朝鮮半島南側だった。しかし韓国では李承晩《イスンマン》大統領による親米的な反共独裁政権が続いていたため、社会主義体制の朝鮮へ渡ることを決断した人も多い。

## 未知の国への渡航

「日本では、朝鮮人への差別があったんです。今でもそうですか？ 選挙で朝鮮人は投票できないので、夫に申し訳ないと思いながら私一人で投票所へ行きました。そしてお腹の子どもは、学校で日本人

ソ連船籍の帰国船クリリオン号内で撮られた中本愛子さんと夫の朴道洙さん

の子どもたちからきっといじめられ、思うように勉強できないだろうと思ったんです」

このように、民族差別から逃れるために朝鮮行きを決断したと語るのは、一九三一年生まれの中本愛子さん。朝鮮名はキム・エスン。他の日本人妻や帰国者も「子どもの教育のため」とか、「日本では学費がなくて断念した大学で学ぶため」に渡ってきたと語る。それと愛子さんが、夫の朴道洙さんが亡くなった時に泣きながら「私も一緒に埋めてくれ！」と叫んだように、夫に対する強い信頼と愛情があったようだ。

私は愛子さんに、両親が渡航に反対しなかったのか聞いてみた。

「お父さんは『嫁ぎ先の言うことは聞かないといけないので行きなさい』と言いました。ですがお母さんは病身だったこともあり、長女の私を頼っていたので泣きながら反対しました。私は『三年したら里帰りできるから』となだめたんです」

誰もが日本と朝鮮とを自由に行き来できるようになると信じ、別れることを深刻に考える人はいなかったようだ。

一九五九年八月に日本赤十字社と朝鮮赤十字会は、インドのカルカッタ(現在のコルカタ)で帰国事業についての協定に調印。その年の一二月一四日、最初の帰国船が新潟港から清津港《チョンジン》へ向かった。

「わたしたち帰国者は歓迎の人たちと接した埠頭で、またショックを受けた。彼らのほとんどはやせていた。(中略)男性が身に着けていた服装ときたら、眺めているだけで悲しくなるほど粗末である」(鄭箕海著、鄭益友訳『帰国船――楽園の夢破れて三十四年』文芸春秋、一九九五年)

愛子さんと夫は、一九六〇年五月二〇日に新潟港を出港した第二二次帰国船クリリオン号に乗船。着いた清津港で愛子さんが目撃した光景がある。

「日本人妻の中には、船から降りた埠頭で朝鮮人の夫と喧嘩した人がいます。『私を騙した。すぐに日本に帰してくれ』と言って……」

しかしこうしたようすを見ても、愛子さんには何の不安もなかったという。朝鮮は、朝鮮戦争での米軍による徹底的な攻撃で焦土と化した。最初の帰国船が出たのは、その休戦からわずか六年後。復興は始まったばかりであり、食料・日用品や住宅の不足は深刻な状況だった。過剰な宣伝によりつくり上げられた「地上の楽園」のイメージと現実との落差に失望した人もいれば、どのようなことでも受け入れようと覚悟して渡った人もいるのだ。

帰国事業は一九八四年七月の第一八七次船まで続いたが、帰国者の八〇パーセントにあたる七万四七七九人は一九六一年末までの約二年間に渡航。つまり帰国船は、月に三~四回も清津へ入港したのだ。

朝鮮では、押し寄せるようにやって来る人々への対応が追いつかない状態に陥る。帰国者たちは、清津や咸興での数日間の滞在中に行き先が決まった。だがこうした状況のために、自分の希望と異なる地域や職場・学校へ配置される人たちが出たのである。

しかも、帰国者の半数以上は財産をほとんど持っていなかったが、朝鮮は帰国希望者を審査や選別することなく無条件ですべて受け入れた。また帰国者の生活を世話するために、多数の人員を用意する必要があった。十分な対応ができるような状況ではなかったのだ。

「来た当時は朝鮮の言葉も文字もわからないし、日本人はいじめられるのではと不安でたまりませんでした。ところがみんな優しくて親切で、お店へ行くと『日本から来たのだから最初に買いなさい』と言ってくれたんです」

愛子さんはこう語る。同じような話は、他の日本人妻からも聞いた。政府の対応は十分でなくても、日本人を温かく迎えた人々がいたのだ。

## さまざまな生活状況

彼女たちが朝鮮へ渡った時期は、まだ朝鮮戦争の傷跡が残っていた。

「田んぼに爆弾の大きな穴が空いていて、不発弾が見えたのでウワーと思ったんです。戦争復興のために私も動員され、初めてスコップを持って作業をしました」

しばらくそのようなことをしていた愛子さんは、働きに出ることにした。

「編み機でセーターを編む職場です。ノルマを二〇〇パーセント達成したのでみんなから栄誉だと言われ、温泉旅行にも行かせてもらいました」

在日朝鮮人の帰国者や日本人妻が、「脱北」してから書いた手記がいくつか日本で出版されている。「差別されて社会的に低い地位に置かれている、収容所へ入れられたり行方不明になったりした人がいる、地方都市で貧しい生活をしている……」

といったことが書かれている。それらによって、日本では朝鮮に対する極めて悪いイメージがつくられた。どんな質問にも率直に話をしてくれる愛子さんに、そうしたことがあるのかと聞いた。

「私の夫は朝鮮へ来てからも日本と同じ運転手でしたが、日本での商売でお金を持ってきた人はここでも裕福な生活をしていました。日本の都会から来て、やったこともない農業をした人は苦労したでしょう。だけど、日本人だからといってそうしたんではないですよ。それは運なので、仕方ないんです」

帰国者の生活水準は、日本の親族による送金や訪問があるかないかでも大きく異なっている。私は平壌や地方都市で帰国者や在朝日本人宅を何度も訪ねたことで、生活水準に差があることがよくわかった。また帰国者は九万人以上もいたのであり、その中には日本とまったく異なる社会体制を受け入れることができなかった人もかなりいたのではないか。先に触れたように、朝鮮で過酷な経験をした人たちが少なからずいたのも事実だろう。

ただ、すべての日本人妻が帰国事業の犠牲者のように言われてきたことは正しくない。社会的に大きな評価を受けている帰国者や日本人妻もいる。取材先で、そういう人と偶然に出会うことがたびたびあった。農業や歴史の研究機関で働く学者、病院の医師、大規模なインフラ整備を担当する行政機関の幹部、そして海外との交流をする機関の責任者とさまざまだ。

出版物普及所所長の時に撮影された新井好江さん

日本人妻たちへは、日本語でインタビューした。彼女たちは、知人の日本人妻と会った時にしか使う機会はなくても覚えているのだ。その中でも、一九三二年生まれの新井好江（朝鮮名シン・チョンホ）さんの日本語は完璧なのである。新井さんは、日本では病気になっても病院へ行くことができないほど貧しかった。夫とともに子どもたちを連れて、何の財産も持たずに朝鮮へ渡る。そしてすぐに、平壌日用品総合工場で夫婦揃って働き始めた。新井さんの作業はカバン製造だった。

「工場で働いていた一九八七年一一月に、住んでいる船橋《ソンギョ》区域の人民委員会から呼び出されました。そして、この区域の出版物普及所の所長に任命されたんです。図書を、企業や学校へ配布する機関です。それまでの仕事とまったく異なりましたが、六九歳まで張り合いのある仕事ができました」

元気で笑顔の絶えない新井好江さん

こうした大抜擢は、新井さん以外の日本人妻にもあったという。

「朝鮮へ来るまでは日本人は差別されるのではと心配していたんだけど、来てからは〝民族差別〟という言葉さえ忘れるほどでした。来る時は子ども四人だったのに、今では子ども・孫・ひ孫を合わせて三四人になりました。正月や夫の法事、私の誕生日にはみんな集まるんですよ」

仕事や家族に恵まれ、実に幸せそうだ。

朝鮮で、日本人妻が置かれた状況は実にさまざまである。ここでの生活に馴染めなくて〝失敗した〟と思った人もいれば、家庭生活や仕事がうまくいき〝幸せだ〟と思っている人もいるのだ。

## 里帰り事業は三回で中止

日本人妻や在日朝鮮人の帰国者は、国交正常化が実現すれば間違いなく日朝間を自由に往来できると信じてきた。ところが国交は、植民地支配の終焉から七〇年以上が過ぎたにもかかわらず結ばれていない。日本人妻たちの苦難は、日朝間に国交がなく日本が朝鮮を敵視していることが根本的な原因だ。

日本において、朝鮮で暮らす日本人妻の里帰り（一時帰国）を求める動きが始まったのは一九七四年。そして一九九一年一月になってようやく、日朝国交正常化交渉が開始される。その中で日本政府が要求した日本人妻の里帰り事業が、一九九七年一一月から始まる。その第一回は一五人で、一九九八年一月に第二回として一二人、二〇〇〇年九月の第三回が一六人の、合わせて四三人が里帰りをした。その中には、二人の残留日本人も含まれていた。

「成田空港の記者の多さにはびっくりしちゃった。でも、嬉しかったんです。『おかえりなさーい』ってみんなが言ってくれてね」

第一回に参加した新井さんはこう語る。亡くなった岩瀬さんも同じく第一回で里帰りし、兄弟と会ったり墓参をした。

「三七年ぶりに帰ったので『浦島太郎のような日本人妻の里帰りが実現した』って新聞に出たのを覚えていますよ。日本では慌しかったのですが、行って良かったです。気持ちの踏ん切りがつきました」

わずか二泊三日の滞在であっても、願い続けてきた里帰りが実現したことで精神的に満足できたのだろう。

だが、中本愛子さんが参加する予定だった、二〇〇二年一〇月の四回目の里帰りは「延期」になった。

「やっと私も行けると、喜んでいました。一七人が一緒に日本へ行くことになり、飛行機に乗る日も決まっていました。この少し前に小泉首相が朝鮮へ来ていたので、うまくいくだろうと安心していたん

中止直前に撮られた第4回里帰りの参加者たち

ですよ。ところが、平壌で待っていたら急に中止になったんです。日本の方で来るなと言ったんです。なぜ里帰りさせてくれないのかと、恨んで恨んで泣きました」

愛子さんは、兄弟たちとの再会と両親の墓参りという夢を絶たれた。その時に、愛子さんを受け入れる親族となっていた長兄の紘一さんは二〇〇九年に亡くなってしまう。

当時を知る外務省関係者が、延期になった理由を明かしてくれた。二〇〇二年九月の小泉純一郎首相の訪朝で朝鮮が拉致を認めたことにより、日本の世論が悪化したために実施できなくなったというのだ。この第四回目の延期は、そのまま里帰り事業の中止になった。「一緒に行くことになっていた一七人のうち、五〜六人がすでに亡くなってしまった」と、愛子さんは悔しそうに語る。

### 唯一の日本人組織

日本人妻たちの話からすると、朝鮮へ

支援物資の発送をする「にじの会」の人たち。右から荒井琉璃子さん，岩瀬藤子さん，中本愛子さん，キム・ウンスクさん

渡った日本人六六七九人のうちのかなりの人がすでに亡くなっているのは確かだ。またその消息は、帰国者とその配偶者である日本人妻の世話をしている海外同胞事業局でも、もはや全体を把握できていないようである。

そうした状況の中で、首都・平壌ではなく地方都市の咸興において在朝日本人（残留日本人と日本人妻）一一人が集まり、二〇一六年一一月一五日に「咸興にじの会」を結成。日朝友好の〝虹の架け橋〟になりたいとして「にじの会」と名づけた。これは朝鮮にある唯一の日本人組織であり、認められたのは極めて異例なことだ。私はこの会のことを知った時、本当なのかと疑った。

ともに積極的な生き方をしてきた荒井琉璃子さんと岩瀬藤子さん、中本愛子さんは、姉妹のように仲良くしてきた。退職して子や孫の世話になるようになり、時間ができた三人が地元行政機関である咸鏡南道人民委員会に働きかけた。

「日本人に何の差別もなく良くしてくれたこの国のために、何かしようということで『にじの会』をつくりました。月一回は集まって、話をしたりごはんを食べたりして過ごしています。これが楽しくて、時間を忘れるほどなんですよ」

このように愛子さんは語る。この会は高齢者ばかりなので、岩瀬さんの長男の妻であるキム・ウンスクさんが事務をしている。市内中心部に昔からある新興山《シンフンサン》ホテル内の立派な事務所で「設立目的」を説明してくれた。

一、咸鏡南道で暮らす在朝日本人の融和と親睦を推進する

二、在朝日本人を差別なく待遇し、すべての生活を保障している朝鮮政府に報いるために社会活動を行なう

三、朝鮮の政治・社会主義制度などを、日本人民に広く紹介するための活動を行なう

四、日本政府に、朝鮮敵視政策の撤回と過去の清算をさせるための活動を行なう

五、在朝日本人の自由な里帰りの実現のために努力し、朝鮮内の日本人遺骨と墓参問題の解決のための活動で朝日関係改善に寄与する

会員たちが高齢であるにもかかわらず大きな目標を掲げている理由を聞くと、その子どもたちの入会を進めているという。

日本人妻たちから話を聞いていると、「日本は植民地支配の清算をすべき」と何人かがはっきりと語

った。岩瀬さんからは、日本人遺骨の話が出た。

「いっぱい埋まっている日本人の遺骨を早く探し、日本へ持っていってあげるのが本当じゃないのですか?」

日本敗戦後、ソ連管理下の朝鮮半島北部で四万人近くの日本人が死亡(第7章参照)。咸興とその周辺には、何カ所もの大規模な埋葬地がある。

咸興郊外で農作業中に見つかった遺骨一〇体が再び埋葬される際、「にじの会」の人たちが立ち会った。身近なところに、日本人遺骨が放置されていることに心を痛めているのだ。岩瀬さんは次のように語った。

「日本政府に言いたいのは、昔のことをきれいに清算して欲しいということです。その上で日朝が助け合って暮らしていければ、どんなに良いことでしょうか」

## 二時間でも故郷へ帰りたい

日本人妻たちに、日本の親族との現在の関係を聞くと誰もが口を濁す。現在でも、手紙や電話で連絡が取れている人はあまりいないようだ。

「私は今も日本の兄弟へ年賀状を出しています。『私は生きています』って知らせるためです。ただ三年前に、返事は止まっちゃったけどね」

新井好江さんは、少し寂しそうにこう語った。

私が岩瀬さんの写真アルバムを複写していると、日本へ里帰りした時に撮影した兄弟の写真があった。

「この写真が日本で公表されたら本人たちの仕事に支障があるので、絶対に出さないで欲しい」

岩瀬さんはそう言って、慌てて手で隠した。両親がともに亡くなると、兄弟は連絡を絶つことが多いようだ。日本の親族たちは最悪の日朝関係が長く続く中で、朝鮮に身内がいることを隠している人がほとんどなのだ。かつて日本へ里帰りした日本人妻で、親族から会うことを拒否された人もいるという。それにもかかわらず日本人妻たちは、日本の親族に迷惑がかからないように気遣っている。

高齢化した日本人女性には、動けなくなって寝込んでいる人も多いという。荒井琉璃子さんは、二〇一八年二月に私が訪ねる一〇日前に転倒し、腰を強打して自分で歩くことができなくなっていた。「いっそ死んでしまいたいよ」と荒井さんが言うと、一歳年上の愛子さんが「何でそんなこと言うの、弱音を吐かないで」とたしなめた。その愛子さんは、次のように願いを語った。

「お父さんとお母さんが亡くなったとき、長女なのに行けなかったんです。せめて一回でも、『やっと今、長女が会いに来ました』と墓前で言うことができたら、いつ死んでも思い残すことはありません。故郷に一泊できなくても、二時間でも帰りたいです」

## 人道問題で関係改善を

二〇一四年五月の日朝ストックホルム合意にもとづいて、朝鮮は「特別調査委員会」を立ち上げて調査を開始。残留日本人の荒井さんや日本人妻たちも調査を受けた。

「特別調査委員会に『(永住)帰国はしたいか』と聞かれたので、『そういう気持ちはないが、死ぬ前に墓参りして兄弟に会えれば思い残すことはない』と答えたんです」

と新井好江さんは言う。こうした動きに日本人妻の誰もが、里帰り事業が再開されるのではと大いに期待したという。だが拉致問題を優先する日本政府は、他の項目についての調査報告の受け取りを拒んだという。きわめて非人道的な対応である。

そして朝鮮が二〇一六年一月に核実験を行なうと、日本政府はすぐに追加制裁を実施。そのため朝鮮は特別調査委員会の解体を宣言し、日朝政府間協議は止まった。

平島さんを支援してきた沖見泰一さんは、次のように批判する。

「日本政府は日朝ストックホルム合意で日本人妻についても同意したにもかかわらず、それよりも拉致問題を優先しました。日本人妻の里帰りといった、解決可能なことから取り組むべきです。平島さんの死を無駄にしないで欲しい」

日本への里帰りを強く望む人たちが朝鮮にいる。高齢になった日本人妻と残留日本人は、「死ぬ前に里帰りしたい」と誰もが強く望んでいる。日朝国交正常化交渉の進展と関係なく、すぐにでも取り組むことができるこの里帰り事業を再開すべきだ。もはやその対象者は極めて少なくなっており、過去に里帰りした人も含めるのが現実的である。

新井さんは次のように語る。

「地図で見ると、日本と朝鮮は本当に近いところにあるのにね。理解して仲良くなれば、お互いに利益があるんじゃないかと思うんです。戦争にならないわけでしょ。できるなら、私たち日本人妻が日本と朝鮮の架け橋になりたいんです」

日本人妻の中本愛子さん(中央)が58年ぶりに再会した妹の林恵子さんに抱きつく

## やって来た日本の妹

中本愛子さんが、抱えられてワンボックスカーから車いすへ乗り移る。こちらへ向かって動き始めると、そのようすを見守っていた妹の林恵子さんが駆け出した。

「恵子や!、ごめんね。別れた時は一〇歳だったのに……」と愛子さんが流暢な日本語で叫ぶと、「会えたのが信じられない!」と恵子さんが興奮しながら答えた。

二〇一八年六月二三日、咸鏡南道咸興市。ここで暮らす愛子さんと会うため、恵子さんが日本からやって来た。日朝関係に翻弄されて会えなかった姉妹が、五八年ぶりに再会したのだ。

愛子さんはこの年の二月に、故郷・熊本で妹と別れた時のようすを私に話してくれた。

「朝鮮へ行くと知るとびっくりするから、北海道だと言ったんです。『姉ちゃん、来年には帰っておいでよ』と言う恵子に、『行ってきます』と私は答

妹からの51年前の手紙を見せる中本愛子さん

えました。それが最後のやり取りです。生きているのかどうか、それだけでもわかればいいのに……。手紙の一つでもくれればと思うんですよ。このまま死ぬのかなあ……」

　愛子さんは、五一年前に恵子さんから手紙を受け取った。それは今では崩れそうなほど古ぼけているが、大切に保管してきた。

「宝物です。私が死んだとき、これを一緒に棺へ入れてもらうんです」

　この手紙を見せてもらった私は、妹を捜してみることにした。その結果、手紙に記された昔の住所からたどり、恵子さんを見つけたのだ。私は熊本で暮らす恵子さんに会いに行った。そして次回の訪朝で持参しようと考え、愛子さんへのビデオレターを収録。だがその後、恵子さんは姉と会うため訪朝することを決断した。私は、そのための交渉と案内をすることになる。六月二〇日、恵子さんと二男・真義《まさよし》さんは、片道三日間かかる咸興をめざして熊本を出発した。

バーベキューでくつろぐ林恵子さんと中本愛子さんの家族

## 打ち解けた日朝の家族

愛子さんは、日本から妹が会いに来ると知ると、「生きていたのか！」とうれしくて泣いたという。二〇一六年四月の熊本地震の後に、昔の住所へ出した手紙が戻ってきた。「地震で死んでしまったのではないか」と心配していたからだ。

妹との五八年ぶりの再会という、人生で最大級の出来事を前にした愛子さん。子や孫たちに冷やかされながらも、吸い続けてきたタバコを絶った。髪も黒く染める。その一方で、心配と不安が湧き上がってきた。再会して抱き合った瞬間に、愛子さんが妹に盛んに謝ったのはその気持ちからだ。

「恵子は私をひどく恨んでるだろう、と思っていました。『私たちを捨てて朝鮮へ行った』いうてね。会いに来るって聞いて、本当に会いたいのだろうか、会ったとたん私を叩くんじゃないかって考えもしたんです。『許してくれ』って会ったら最初に言おう

深夜まで語り合う中本愛子さん（左）と林恵子さん

と考え、昨日の夜は眠れなかったんです」

愛子さんと一九五一年生まれの恵子さんは、五人兄弟の一番上と下。二〇歳近くも年齢差がある。愛子さんが朝鮮へ渡った後に両親は亡くなった。そのため長女として何もできず、恵子さんに苦労を掛けたという思いが強いのだ。再会した姉妹は、五八年間の空白を埋めようと夜中まで話し続けた。愛子さんは年の離れた恵子さんに、母親のように語りかけていた。

愛子さんの現在の家族は、娘の朴日和《パクイルファ》さん（一九六四年生まれ）と三人の孫。二四日には、娘だけでなく孫息子の鄭光洙《チョンクァンス》さん（一九八七年生まれ）と孫娘の鄭《チョン》日順《イルスン》さん（一九八九年生まれ）も加わり、海岸でバーベキューをすることになった。

ビールと焼酎を酌み交わすうちに冗談が飛び交い、日本と朝鮮の二つの家族はすっかり打ち解ける。恵子さんの名付け親は愛子さんだという〝秘話〟まで飛び出した。

中本愛子さん(中央)の家族と，林恵子さん(左から２人目)と息子(右から２人目)

娘の朴日和さんだけでなく、孫たちも日本語が少しできる。愛子さんと恵子さんとの日本語での会話を、横でうなずきながら聞いていて、ときどき短い日本語で会話に入る。

愛子さんは子や孫たちに、日本の昔の歌を子守歌のように聞かせていたという。鄭日順さんが立ち上がって童謡の「あめふり」を歌う。それを聞いた鄭光洙さんが、歌詞の中の「アメ」は「飴」だと思っていたと言うと皆が大笑いをする。長らく日本とのつながりが途絶えていた愛子さんだが、子や孫たちにこうした形で「日本」を伝えていたのだ。宴の最後に、日本から来た夫の親戚に習ったという「北国の春」を全員で合唱した。

二五日には恵子さんと真義さんは、「咸興にじの会」の事務所を訪ねた。愛子さん以外に、三人の会員が待ち構えていた。二人は最初に、愛子さんを支えてもらってきたことへの感謝を述べた。この会の会長で、愛子さんととりわけ親しい残留日本人の荒

チマ・チョゴリで盛装した中本愛子さん

井琉璃子さんは、「妹に会ったみたいで自分のことのようにうれしい」と恵子さんに語った。

だが愛子さんは、複雑な心境を皆の前であえて吐露した。

「こうして妹と会えたのが一〇〇パーセントうれしくはないんです。本当は、後ろめたい気持ちが半分あります。他の（日本人妻の）皆さんたちは、会えていないからです」

自分は日本の親族と奇跡的に会えたが、他の人たちは容易ではない。そのことを思うと素直に喜べないのだ。

**再会から里帰りへ**

「恵子と会えたから、墓参りして父さんと母さんにも会わなきゃね。なんで里帰りが進まないのかと思うと、本当に寂しくなります。歩けなければ這ってでも里帰りしたい……。それができたら、もうこの世に未練はないですよ」

と愛子さんは語る。

「日朝関係も改善されると思います。そうなれば祖母に日本へ里帰りしてもらい、墓参りをしてお酒を供えさせてあげたいです」

鄭日順さんがそう言うと、「それは私の祖母だけでなく、朝鮮にいる日本人のお婆さんたちの一致した気持ちだと思う」と鄭光洙さんが続けた。

敵対的な日朝関係が続く中で、日本の家族による日本人妻への訪問が実現したことは画期的である。だが在朝日本人たちがもっとも望んでいるのは、朝鮮での親族との再会よりも、日本への里帰りによる兄弟たちとの再会と両親の墓へ参ることなのである。

「愛子姉さんだけでなくその子どもや孫も、自由に日本と行き来できる状況になることが一番ですね。それが実現するまでは、日本から家族が足を運ぶことが〝道しるべ〟となるのではと思っています」

そう語る恵子さんは、真義さんとともに他の在朝日本人の再会の手助けを考えていることを咸興の日本人妻たちに伝えた。厳しいままの日朝関係であっても、少し勇気を出して踏み出せば、他の人たちも再会できるかも知れないと思ったからだ。

恵子さんと真義さんが咸興を発つ六月二六日の朝は雨だった。朝食の時、愛子さんは恵子さんに強い口調で語った。

「また会えるという気持ちで、手を取り合ってさよならしようね。泣くなよ、恵子！」

別れの時間がやってきた。二つの家族が取り囲む中で、姉妹は握り合った手をいつまでも離そうとしない。恵子さんが乗った車が動き出すと、愛子さんは悲しそうな表情になりながらも涙を流さなかった。

そのようすを見ていた私は、愛子さんの再会を願う痛いほどの思いに涙ぐんだ。

隣国どうしの日本と朝鮮。その間に広がる青い海は、非情にも冷たくて深い。だが、心の中の〈日本〉を大切にしながら暮らす日本人女性たちの、〝最後の願い〟を何とか実現させてあげたいと思う。

# おわりに——日本と朝鮮をつなぐために

私が朝鮮半島にこだわるようになったのは、フォトジャーナリストとして取材活動を始めた一九八〇年代初めからである。朝鮮へは四〇回、韓国へは四六回訪れている。これほど取材を繰り返すことになった理由は、日本の隣国でありながらも知らないことが多く、それを伝えるという目的も大きい。それ以上に重視してきたのは、日本が実質的に四〇年間も行なった朝鮮植民地支配の傷跡を記録するためである。日本にとって〝負の歴史〟であっても、正面から向き合うことは日本の現在と未来にとって必要だと思ったからだ。

韓国へ初めて行ったのは一九八五年。植民地支配にかかわることであれば、片っ端から取材した。その中で、朝鮮半島の北側へ関心が向くのは必然的なことだった。また私は、日本による植民地支配や侵略戦争について、アジア太平洋の国々で繰り返し取材をしていた。その「空白」になっていたのが朝鮮でもあった。

朝鮮取材の申請を初めて出したのは一九九一年。翌年八月に、訪朝団に加わる形で初訪朝をした。そこで、取材の受け入れ機関・対文協に取材希望を伝えたが、何度連絡してもまったく返事はなかった。朝鮮は、東欧のいくつもの社会主義国やソ連が崩壊したことで、それらの国とのバーター貿易や友好価格での石油の入手ができなくなり、経済的に大きな打撃を受けた。それに追い打ちをかけ、一九九五年

初訪朝した1992年の性奴隷被害者への取材

から続けて洪水と干ばつに襲われた。手間のかかる取材を希望する日本人ジャーナリストを受け入れるどころではなかったのだ。

一九九八年になり、突如として取材受け入れの連絡がある。私は三カ月間の滞在を希望。一回の訪朝で取材を終わらせるには、そのくらいの期間は必要と判断した。「一回」というのは、「何度も行きたくない」と思ったためである。私は朝鮮の政治や社会について、何の知識も関心もなかった。マスメディアが描く「危険な朝鮮」というイメージをそのまま持っていた。

しかしこの単独取材は、三週間しか認められなかった。連日、精力的に動き回ったものの希望する取材は終わらなかった。結局、それから毎年のように出かけることになる。訪朝を繰り返す中で、朝鮮の政治や社会が次第にわかってきた。それは、日本で言われていることとかなり異なっている。しかも、日朝間の解決すべき重要な課題が次々と見えてきた。

日朝関係改善に役立つことができるのではと思い、取材範囲を広げることにした。

だがそれは、容易ではないのだ。今まで、対文協など朝鮮側から私に提案してきた取材は一度もない。朝鮮についての情報が極めて少ない中で、私が細かな取材内容まで考えて申請する必要があるのだ。しかも、これならば認められるだろうという内容で申請しても次々と却下される。「今の厳しい日朝関係では、日本からの取材を受け入れる機関はない」というのが理由なのである。実際、朝鮮と政治的に関係が日本ほど悪くないヨーロッパのメディアやジャーナリストは、「よく許可が出た」と私が驚くような取材をしてきた。

取材が許可になっても、希望項目がどれだけ実現するのかがわかるのは平壌へ着いてからなのである。雑誌の記事はまだしも、テレビ番組のためにはどうしても撮らなくてはならない映像があり取材に時間がかかる。「困難」「不可能」と言われてもそのまま引き下がることはできないため、案内員らと激しいやり取りをすることになる。それでも、難しい取材が次々と実現できたのは、対文協日本局の積極的な協力があったからだ。とりわけ私を担当した案内員たちの、何とか取材を実現させてあげようという熱意と努力が大きい。思想的な違いがあっても、やはり人と人との信頼関係が重要なのである。

取材に多額の経費がかかることも、朝鮮取材が大変な理由である。外国人が利用できる高級ホテルに泊まり、滞在の全日程で車をチャーターしてその運転手を雇う。朝食以外は案内員や関係者たちと一緒に食事をすることがほとんどで、その費用は私が払う。取材がテレビで放送できる場合はよいが、雑誌でしか発表できないと大赤字になる。しかもテレビの報道・情報番組や大手週刊誌の多くは、朝鮮をバッシングしたり揶揄したりするスタンスでないと使ってくれない。客観的な報道ではだめなのである。

朝鮮で最高級の羊角島(ヤンガクド)ホテル

そのため取材で大変な苦労をしても、発表できる機会はかなり限られている。日本のメディアやフリーのジャーナリストが、継続して朝鮮取材をしようとしないのはこうした理由も大きい。

私は朝鮮取材を、韓国での延長のような気持ちで始めたがすぐに相違点を思い知らされた。朝鮮は日本と国交がなく、日本による植民地支配の清算がまったく終わっていないのだ。朝鮮での植民地支配の被害者取材は、単にその証言を記録するということにとどまらず、いずれ行なわれる日朝国交正常化交渉において重要な役割を果たすのではないか……。そうした思いで、日本軍性奴隷被害者・被爆者・強制連行被害者・日本軍の軍人軍属など八〇人にインタビューをした。

朝鮮で暮らす残留日本人や日本人妻に関心を持ったのは、一九八〇年代終わりに韓国で同じような取材をしたことが大きい。日本による朝鮮への植民地支配と、日本敗戦後の敵対的政策。それに

広島の母親への思いを語る被爆者の李桂先さん

よって、人生を大きく翻弄された在朝日本人たちからも話を聞きたいと思った。

日朝間の難題に向き合い溜息ばかり出る朝鮮取材だが、心から喜んだ出来事もあった。広島で被爆し今は平壌市で暮らす李桂先《リゲソン》さん(第6章参照)に、広島で暮らす高齢の母親が会いに行くことができなくなった。日本の朝鮮への制裁によって万景峰92号の日本入港ができなくなったためだ。そのため私が、平壌と広島でビデオレターを収録して互いの近況を代わりに伝え、本人や家族から大変感謝された。そして咸興市《ハムフンシ》で暮らす日本人妻の中本愛子さんと、熊本の妹との再会を実現させた時もうれしかった(第9章参照)。日本による制裁で人の往来が厳しく制約されている中で、ささやかながらも私の取材が役立った。

朝鮮での取材回数は多いものの、それは今までの二〇〇回近くの海外取材の一部でしかない。国際的関心の高まりがあるので、今は朝鮮取材に力を集中している。これまでのさまざまな取材と同じく朝鮮を客観的に捉えるように努めており、美化して伝えたことは一度もない。私が朝鮮取材にこだわるのは、朝鮮の正確な情報を日本社会に発信することで、日本と朝鮮との関係改善に少しでも寄与したいからだ。ジャーナリストとしてこれからも、人々の怒り・哀しみ・喜びを自分のこととして捉えて広く伝えていきたい。

二〇一九年三月

伊藤孝司

# この本に関連した筆者による記事・書籍・テレビ番組

## 第1章

「万景峰92号の旅　入港禁止法案に戸惑う乗客たち」『週刊金曜日』二〇〇四年六月四日号
「万景峰号に乗船取材・北朝鮮上陸」TBS系列『報道特集』二〇〇四年六月六日放送
「小泉訪朝直前に〝疑惑〟の万景峰号乗船記」『現代』二〇〇四年七月号

## 第2章

「北朝鮮支援物資の行方」TBS系列『報道特集』二〇〇四年一一月七日放送
「日本のNGO・政府による人道支援の現場」『週刊金曜日』二〇〇四年一一月一九日号
「北朝鮮『援助食糧』は国民に届くのか」『現代』二〇〇四年一二月号

## 第3章

「力道山が『首領様に贈ったベンツ』と『刺殺事件の伝説』」『FRIDAY』二〇〇七年四月六日号
「力道山のベンツ」『ヒューマンライツ』二〇一三年一一月号

## 第4章

「靖国の碑は北朝鮮国宝」TBS系列『報道特集』二〇〇六年四月二日放送
「解決されていた『もう一つの靖国英霊問題』」『現代』二〇〇六年九月号

「韓国・北朝鮮からの文化財返還要求をどのように受け止めるのか」『世界』二〇〇八年二月号

## 第5章

「北朝鮮で初取材！　巨大工場」ＴＢＳ系列『報道特集』二〇〇五年九月一一日放送
「植民地支配下最大の『工場』に初めて入った！　朝鮮人労働者知られざる『強制連行』を追う」『現代』二〇〇五年一〇月号

## 第6章

『写真記録　原爆棄民　韓国・朝鮮人被爆者の証言』ほるぷ出版、一九八七年
『写真記録　破られた沈黙　アジアの「従軍慰安婦」たち』風媒社、一九九三年
『アジアの戦争被害者たち　証言・日本の侵略』草の根出版会、一九九七年
「北朝鮮に旧・日本海軍の『慰安所』があった」『ＦＲＩＤＡＹ』一九九九年九月三日号
「続　平壌からの告発　発見された日本海軍『慰安所』」『週刊金曜日』一九九九年九月一〇日・一七日号
『平壌からの告発　日本軍「慰安婦」・強制連行被害者の叫び』風媒社、二〇〇一年
「平壌からの告発　第七弾　羅南に残る日本陸軍の『慰安所』地区」『週刊金曜日』二〇〇二年九月二〇日号
『続　平壌からの告発　日本軍「慰安婦」・強制連行被害者の叫びⅡ』風媒社、二〇〇二年
「北朝鮮　いまなぜ『過去の清算』を投げかけるのか」『現代』二〇〇四年一月号
「問い続ける日本軍『慰安婦』」『ＤＡＹＳ ＪＡＰＡＮ』二〇〇四年六月号
「在朝被爆者」ＴＢＳ系列『ＮＥＷＳ23』二〇〇八年八月六日放送
『ヒロシマ・ピョンヤン　棄てられた被爆者』風媒社、二〇一〇年

DVD『ヒロシマ・ピョンヤン　棄てられた被爆者』ヒロシマ・ピョンヤン制作委員会、二〇一一年
「置き去りにされた在朝被爆者」『週刊金曜日』二〇一二年一月二〇日号
「棄てられた在朝被爆者たち　求められる医療支援と援護」『世界』二〇一二年五月号
『無窮花（ムグンファ）の哀しみ　［証言］〈性奴隷〉にされた韓国・朝鮮人女性たち』風媒社、二〇一四年
「朝鮮民主主義人民共和国で見た清算されていない日本の朝鮮支配（上）　無念のまま消えゆく被害者たち」『週刊金曜日』二〇一五年八月七日号
「朝鮮民主主義人民共和国で見た清算されていない日本の朝鮮支配（下）　風化する『慰安所』と被害の記憶」『週刊金曜日』二〇一五年八月二一日号

## 第7章

「『朝鮮人遺骨問題』をなぜ放置するのか」『現代』二〇〇六年四月号
「朝鮮の新提案に動きが鈍い日本政府　日本人墓地訪問と遺骨収集」『週刊金曜日』二〇一二年六月一五日号
「朝鮮に眠る約四万柱の日本人遺骨　戦後初の墓参で遺骨に手を合わす遺族の願い」『週刊金曜日』二〇一二年九月一四日号
「北朝鮮に残る日本人遺骨　墓参・遺骨収容と日朝関係のゆくえ」『世界』二〇一二年一二月号

## 第8章

「『拉致問題』で切り捨てられた帰国への思い」『週刊金曜日』二〇一七年六月二日号
「あの日のりんご」テレビ朝日系列『テレメンタリー二〇一七』二〇一七年一〇月一五日放送
「大国に翻弄され続けた〝最後の朝鮮残留日本人〟荒井琉璃子さん（84歳）」『週刊金曜日』二〇一七年一二月八日号

「〝楽園〟の日本人」朝日放送テレビスペシャル、二〇一八年四月一四日放送

## 第9章

『日本人花嫁の戦後　韓国・慶州ナザレ園からの証言』LYU工房、一九九五年
「日朝関係に翻弄された劇的な人生」『週刊金曜日』二〇一八年三月一六日号
「一度でいいから　日朝をつなぐ家族の絆」テレビ朝日系列『テレメンタリー二〇一八』二〇一八年四月六日放送
「里帰りを熱望する在朝日本人妻たち」『週刊金曜日』二〇一八年六月八日号
「再会　日朝に別れた姉妹の五八年」テレビ朝日系列『テレメンタリー二〇一八』二〇一八年九月二三日放送
「在朝日本人妻・中本愛子さんを日本の妹が訪ねる　家族が足を運ぶことが日朝改善の〝道しるべ〟」『週刊金曜日』二〇一八年九月二八日号
平成三〇年度文化庁芸術祭参加作品「再会　日朝に別れた姉妹の五八年」朝日放送テレビ、二〇一八年一一月一二日放送

伊藤孝司
1952年長野県生まれ．フォトジャーナリスト．（社）日本写真家協会会員．日本ジャーナリスト会議会員．日本の過去と現在を，アジアの民衆の視点から捉えようとしてきた．アジア太平洋戦争で日本によって被害を受けたアジアの人々，日本がかかわるアジアでの大規模な環境破壊を取材し，雑誌・テレビなどで発表．
**【著書】**『朝鮮民主主義人民共和国 米国との対決と核・ミサイル開発の理由』（一葉社），『無窮花の哀しみ［証言］〈性奴隷〉にされた韓国・朝鮮人女性たち』『地球を殺すな！　環境破壊大国・日本』『平壌からの告発』『破られた沈黙』（以上，風媒社），『アジアの戦争被害者たち』（草の根出版会），『棄てられた皇軍』（影書房），『原爆棄民』（ほるぷ出版）など多数．
**【上映作品】**『ヒロシマ・ピョンヤン』『アリラン峠を越えて』『銀のスッカラ』『長良川を救え！』など多数．
**【ウェブサイト】**「伊藤孝司の仕事」 http://www.jca.apc.org/~earth/
**【ブログ】**「平壌日記」 http://kodawarijournalist.blog.fc2.com/

ドキュメント 朝鮮で見た〈日本〉
──知られざる隣国との絆

2019年4月18日　第1刷発行

著　者　伊藤孝司《いとうたかし》

発行者　岡 本　厚

発行所　株式会社 岩波書店
〒101-8002 東京都千代田区一ツ橋 2-5-5
電話案内 03-5210-4000
https://www.iwanami.co.jp/

印刷・理想社　カバー・半七印刷　製本・松岳社


ISBN 978-4-00-023899-1　　Printed in Japan